W0274317

Claes Sundin
Christer Bergström

Deutsche Jagdflugzeuge 1939–1945 in Farbprofilen

Bernard & Graefe Verlag Bonn

Die englischsprachige Originalausgabe erschien 1997 bei der Schiffer Publishing Ltd., Atglen, PA (USA)
© by Claes Sundin and Christer Bergström 1997
mit dem Titel »Luftwaffe Fighter Aircraft in Profile«

© für die deutschsprachige Ausgabe Bernard & Graefe Verlag, Bonn 1999
Nachdruck auch einzelner Teile, ist verboten. Das Urheberrecht und sämtliche weiteren Rechte sind dem Verlag vorbehalten. Übersetzung, Speicherung und Verbreitung einschl. Übernahme auf elektronische Datenträger wie CD-Rom, Bildplatte u. ä. sowie Einspeicherung in elektronische Medien wie Bildschirmtext, Internet usw. ist ohne vorherige schriftliche Genehmigung des Verlages unzulässig und strafbar.

Herstellung: Walter Amann, München
Satz: Datentechnik/Lichtsatz Gruber, Regensburg
Reproduktionen: Repro GmbH, Essenbach

Druck- und Bindung: Milanostampa New Interlitho Italia S.p.a.
Printed in Italy

ISBN 3-7637-5982-4

Vorwort von Christer Bergström

»Finde deinen Feind und schieße ihn ab – alles andere ist unwichtig.«

Diese klassische Maxime von Manfred Freiherr von Richthofen, einem der größten Jagdflieger-Asse der Welt, formte während des Zweiten Weltkriegs die gesamte deutsche Jagdwaffe.

Deutschland ist nicht nur das Land von Krupp und Daimler-Benz, sondern auch die Heimat von Goethe und Schiller der Sturm- und Drangperiode und von Richard Wagner. Die legendären und in vieler Hinsicht einzigartigen Jäger-Asse der Luftwaffe waren die disziplinierten Söhne der deutschen Schwerindustrie, aber auch der Sensibilität der Romantik im 19. Jahrhundert.

Was die Luftsiege betrifft, so blieben die deutschen Jäger-Asse des Zweiten Weltkriegs unerreicht. Zur Spitzenklasse aller Jagdflieger gehörten nur Piloten der Luftwaffe – Marseille, Graf, Galland, Hartmann, Nowotny, Oesau und andere.

Einer der wichtigsten Gründe dafür ist die extreme Bedeutung, die man in der Luftwaffe den individuellen Luftsiegen zukommen ließ. Dieses einseitige Ziel, abgeleitet von der Jägerromantik nur eines Mannes – von Richthofen – verlieh der deutschen Jagdwaffe einen einzigartigen Ruf. Während die Piloten der Spitfires, Mustangs und Yakowlews ihren Feind angriffen, wo immer sie ihn fanden – in der Luft oder am Boden, im Bewußtsein, einen gnadenlosen Krieg zu führen – wurden die deutschen Jagdflieger dazu ermuntert, ihre Einsätze mit dem Ziel zu führen, eine Jagdtrophäe aus einem Luftduell mitzubringen. So holten Marseille und seine Kameraden in den Jahren 1941 und 1942 einen britischen Jäger nach dem anderen vom Himmel der nordafrikanischen Wüste, während die Jägereinheiten der RAF Rommels Nachschublinien zerstörten und damit den alliierten Sieg auf diesem Kriegsschauplatz beschleunigten. Die sechs erfolgreichsten deutschen Jagdflieger schossen in der westlichen Wüste Nordafrikas mehr als 400 alliierte Flugzeuge ab. Auf der anderen Seite erzielte mit Killer Caldwell nur ein alliierter Pilot während der ganzen Auseinandersetzungen auf diesem Kriegsschauplatz mehr als 20 Abschüsse. In ihrer engstirnigen Sicht glaubten die deutschen Jagdflieger in Libyen, sie seien die großen Sieger. Aber die deutschen und italienischen Bodentruppen, die ständig von den tieffliegenden Curtiss- und Hurricane-Jägern angegriffen und bombardiert wurden, während die Messerschmitt Bf 109 am Himmel ihre Pirouetten drehten, sahen dies natürlich ganz anders.

Dies ist auch einer der wichtigsten Gründe für die großartigen Erfolge der deutschen Jagdflieger an der Ostfront. Selbst im Jahr 1944, als die Rote Armee ihre anfängliche Schwäche überwunden hatte und über besser ausgebildete Piloten, eine bessere Taktik und exzellente Flugzeuge wie die Yak-3 verfügte, erzielten Experten wie Hartmann, Batz und Kittel dieselben Erfolge wie die Asse der Jahre 1941 und 1942.

Die deutschen Jagdflieger entwickelten eine so überhebliche Haltung gegenüber Bodenangriffen, daß sie es als ungerechte Strafe empfanden, als sie im Herbst 1940 erstmals dazu gezwungen wurden, solche Einsätze zu fliegen – was aber auch Hermann Görings Absicht gewesen war, der diesen Befehl gegeben hatte – und das beeinträchtigte ihre Kampfmoral erheblich.

Adolf Galland, einer der treuesten Schüler Manfred von Richthofens, konnte die Verbitterung über diesen Befehl nie überwinden, wie er auch nach dem Krieg mehrmals zu erkennen gab.

Das Auftauchen der massiven, gut bewaffneten Formationen der amerikanischen viermotorigen Bomber ließ aber eine neue Generation deutscher Jagdflieger entstehen – frei von der naiven Romantik der Mölders-Generation. Hans Pips Priller, Sieger in mehr als 200 Luftkämpfen Mann gegen Mann an der Ostfront, bevor er zur Reichsverteidigung und zum Kampf gegen die fliegenden Festungen verlegt wurde, schrieb am 4. Oktober 1943, vier Tage vor seinem Tod: »Mit 20 Russen zu kämpfen, die dich abschießen wollen, oder auch gegen Spitfires, ist ein Vergnügen, und es kommt dir nie in den Sinn, wie gefährlich das eigentlich ist. Aber wenn du gegen 70 Flying Fortresses anfliegst, dann denkst du an alle Sünden deines Lebens. Und wenn du es schaffst, dich selbst zusammenzureißen, dann stehst du vor der noch viel schwierigeren Aufgabe, jeden Piloten des Geschwaders dazu zu bringen, beim Angriff mitzumachen. Ich habe das getan – aber, mein Gott, wenn das nicht deine Nerven kostet!«

Der berüchtigte »Viermotschreck«, die Angst der deutschen Jagdflieger vor den großen viermotorigen Bombern, war zu einem großen Teil die Reaktion der jungen Männer, die sich selbst gerne als die letzten Ritter gesehen hatten und sich nun aber demselben anonymen Massentöten ausgesetzt sahen wie ihre Kameraden beim Heer seit den ersten Tagen des Krieges.

Die ersten Begegnungen mit den schweren amerikanischen Bombern verliefen für die Luftwaffenführung enttäuschend. Reichsmarschall Göring – nach der fehlgeschlagenen Unterstützung Stalingrads und den schwachen Ergebnissen gegen die alliierte Bomberoffensive bei Hitler unter schweren Druck geraten – reagierte heftig. Er beschuldigte die Jagdflieger der Feigheit, weil sie ihre Aufgaben bei der Bekämpfung der B-17 und B-24 nicht erfüllt hätten. Auch wenn maßvolles Handeln nicht gerade zu den starken Seiten des brutalen und eigenwilligen Göring gehörte, waren seine Beschuldigungen in diesem Punkt nicht ganz unbegründet.

Nur wenige aus der »Mölders-Generation» konnten sich auf die völlig neuen Verhältnisse umstellen, die mit dem Erscheinen der amerikanischen viermotorigen Bomber aufgetaucht waren. Aber diese Bomber schufen auch eine neue Generation von Piloten, die den Luftkampf realistischer einschätzten als die Idole, von denen sie in der Luftwaffen-Zeitschrift Der Adler gelesen hatten. Die letzten Elite-Piloten der deutschen Jagdwaffe waren die Sturmjäger, deren langsame Attacken, die sie mit den schwer gepanzerten Focke-Wulfs von hinten gegen die Flying Fortresses führten, eher an die Grabenkämpfe der Infanteristen erinnerten als an die Kurvenkämpfe zwischen den Fokker-Dreideckern und Sopwith Camels des Jahres 1918. Das war das Ende der Richthofen-Ära.

Das Konzept der deutschen Jagdwaffe – »finde deinen Feind und schieße ihn ab und sonst nichts« – hatte sich als ungenügend und falsch herausgestellt. Aber dieser falsche Zauber hatte die Köpfe Tausender von jungen und idealistischen Flugenthusiasten im Deutschland der dreißiger und vierziger Jahre vernebelt. Und das wurde vom Nazi-Staat natürlich auch bedenkenlos ausgenützt. Während Millionen von Menschen durch die deutsche Kriegsmaschine ums Leben gebracht wurden und Europa in den Ruin getrieben wurde, zeigten die Experten der Luftwaffe am Himmel eine erstaunliche Schau, schossen Tausende und Abertausende von feindlichen Flugzeugen ab, malten einen Abschußbalken an den anderen an die Leitwerke ihrer Messerschmitts und Focke-Wulfs, und zwangen das Oberkommando zu immer höheren und höheren Ordensauszeichnungen (Ritterkreuz des Eisernen Kreuzes mit Eichenlaub, Schwertern und Diamanten und schließlich noch das Goldene Ritterkreuz). Alles in allem war dies für einige junge Leute eine tragische Geschichte.

Als alles zuende war, zeigte sich, daß alle ihre Opfer, alle ihre Anstrengungen völlig umsonst gewesen waren – oder zumindest zu keinem guten Ende geführt hatten. Die verderbliche Weltherrschaft der Nazis, für die sie schließlich gekämpft hatten, kam nie zustande.

Bei den Treffen der Jagdflieger nach dem Krieg erstand die Richthofen-Mentalität aber wieder von neuem. Mit zunehmendem Alter empfanden viele der früheren Jagdflieger-Asse der Luftwaffe ihre Kriegszeit als den wichtigsten Bezugspunkt ihres Lebens. Bei diesen Veranstaltungen drehten sie wieder ihre Pirouetten in den blauen Himmel, weit abgehoben vom Tagesgeschehen, der Politik und der Geschichte.

Auch wenn wir den Faschismus und die faschistischen Ideale – sowohl in der Geschichte wie in der Gegenwart – entschieden verurteilen, ist dieses Buch diesen heldenhaften und betrogenen Männern gewidmet, die mit wenigen Ausnahmen in ihren Herzen große Jungen geblieben waren.

Aber weil es in der Natur der Jagdflieger lag, individualistisch zu sein, möchten wir einem der absoluten Spitzen-Asse einen besonderen Tribut entrichten, einem Mann, der als einziger aus diesem engen Kreis nach dem Krieg die Kraft hatte, zu erkennen, was er getan hatte: Hermann Graf. Wegen seiner nach dem Krieg öffentlich gezeigten Reue hat sich die Gemeinschaft der Jagdflieger von Hermann Graf distanziert. Wenn wir Hermann Graf diese besondere Widmung geben, dann wollen wir aber auch betonen, daß man Mut auf verschiedene Weise zeigen kann.

Christer Bergström
Eskilstuna, Schweden, 7. Dezember 1996

Vorwort von Claes Sundin

Mit diesem Buch lege ich das Ergebnis von Nachforschungen über die deutsche Jagdwaffe vor, die von mir und vielen anderen angestellt worden sind. Aber es ist auch eine Reaktion auf meine eigene Frustration, nachdem ich jahrelang in Buchhandlungen und bei Verlagen in der ganzen Welt vergeblich nach einem solchen Buch gesucht hatte.

Nachdem die Arbeiten an diesem Buch nun abgeschlossen sind, kann ich nur noch feststellen, daß ich mein Ziel erreicht habe und das Buch nun fertig vorliegt.

Die verschiedenen Flugzeuge, die ich für die 124 Profile ausgewählt habe, sind den meisten Lesern wohl bekannt. Deshalb kann sie der Leser mit anderen Quellen vergleichen und im Detail genau überprüfen.

Der Leser wird auch feststellen, daß sich der größere Teil der Profile auf das Kriegsende konzentriert, hauptsächlich auf das Jahr 1945. Der Grund dafür liegt darin, daß während dieser Zeit bei der Luftwaffe viele neue Flugzeugtypen und Versionen eingeführt wurden, die in früher veröffentlichten Profilen leider nicht berücksichtigt wurden.

Ich hatte auch die Absicht, jede einzelne Version der deutschen Jagdflugzeuge darzustellen, die zwischen September 1939 und Mai 1945 eingeführt worden war. Weil aber so bekannte Versionen wie die Bf 109 G-5 oder Fw 190 A-9 fotografisch einfach nicht dokumentiert sind, konnte diese Absicht nicht ganz konsequent verwirklicht werden.

Ich bin mir dessen bewußt, daß manche der in diesem Buch dargestellten Profile Anlaß zu berechtigter Kritik geben werden. Es gibt nämlich, wie ich zugeben muß, bei einigen Profilen erhebliche Unsicherheiten. Das betrifft in erster Linie und vor allem die Profile, für die keine Dokumentationen in Form von Fotos existieren. Das betrifft auch die Farben, die ich für die verschiedenen Profile gewählt habe. Auf schwarz-weiß-Fotos kann man die Nuancen der verschiedenen Tarnfarben nur schwer voneinander unterscheiden, und das führt natürlich zu unvermeidlichen Fehlern.

Aber ich weiß, daß ich mein Bestes versucht habe, um das Aussehen und die Farben der hier gezeigten Flugzeuge herauszufinden, und ich kann versichern, daß diese 124 Profile die besten sind, die jemals veröffentlicht wurden – und auch die besten, die ich bisher gemacht habe. Es ist wichtig, daß sich der Leser dieser Vorbehalte bewußt bleibt, und ich schließe mit dem Wunsch, daß die Leser sowohl meine Farb-Profile, als auch Christer Bergströms Hintergrundtexte entsprechend würdigen werden. Viel Spaß beim Lesen!

Claes Sundin
Uppsala, Schweden, 13. Dezember 1996

Die Autoren arbeiten derzeit an einer Neuauflage. Wir würden uns über Vorschläge und neues Hintergrundmaterial (Fotos etc.) von interessierten Lesern freuen, die dazu ihren Beitrag leisten wollen. Wir sind erreichbar unter der Adresse:

Claes Sundin & Christer Bergström
Box 158 48
S-750 15 Uppsala
Schweden
E-Mail: Sundin (a) swipnet.se

Danksagungen

Dieses Werk wäre nicht möglich gewesen ohne die großzügige Unterstützung der folgenden Personen: Göran Ahlman, William Berge, Lars-Erik Bergström, Martina Caspers, James E. Johnson, Stig Kernell, Per Martins, Lennart Nilsson, Peter Ophey, Hans E. Söder, Ronald v. Voorst, Stefan Wembrand, Bo Widfeldt, Nicklas Östergren und die Mitarbeiter der Macademic Computer AB in Uppsala.

Auch den folgenden Jagdfliegern der Luftwaffe sei gedankt: Gerhard Barkhorn, Hans Bätcher, Wilhelm Batz, Adolf Galland, Gordon M. Gollob, Hans Hahn, Erich Hartmann, Joachim Helbig, Felix Lademann, Ludwig Nitsch, Günther Rall, Werner Schroer, Johannes Steinhoff, Hannes Trautloft.

Eine besondere Anerkennung gilt Dr. Jochen Prien und Peter Rodeike, denen die Autoren für ihre Hilfe und Ermutigung stets dankbar ein werden.

Auch den folgenden Institutionen, die uns wichtige Informationen und wertvolle Kontakte verschafften, möchten wir hier danken:

Botschaft der Bundesrepublik Deutschland, Stockholm, Italienische Botschaft, Stockholm, Botschaft der Sowjetunion, Stockholm, Botschaft des Vereinigten Königreichs, Stockholm, Botschaft der USA, Stockholm, Bundesarchiv, Deutschland.

Die Tarnfarben der Jagdflugzeuge 1939–1945

1939–1940

Seit Mitte 1937 hatte die Luftwaffe eine neues Tarnschema eingeführt, das an der Oberseite aus den zwei Farben 70 Schwarzgrün und 71 Dunkelgrün bestand, während für die Unterseite die Farbe 65 Hellblau gewählt wurde. Diese Bemalung wurde so aufgespritzt, daß verlaufende Übergänge zwischen den Farben entstanden. Nach Ausbruch der Feindseligkeiten im September 1939 waren die deutschen Jagdflugzeuge in diesen dunkelgrünen Tarnfarben bemalt. Aber bald erwies sich diese Kombination von dunklen Farben im Luftkampf als zu auffällig.

Deshalb gab das Reichsluftfahrtministerium (RLM) im Winter 1939/1940 einen Befehl heraus, in dem die Einheiten mit den einmotorigen Jagdflugzeugen angewiesen wurden, die dunkle Tarnfarbe auf der Oberseite auf die Draufsicht zu begrenzen. Die Folge dieses Befehls war, daß die verschiedenen Einheiten einfach das Hellblau der Unterseite bis zu dem Rumpfseiten hochzogen. Zu dieser Zeit entstand aber auch ein neues Tarnmuster für die Oberseiten mit kontrastierenden Farben, das aus einer Kombination der Farben 71 und 02 RLM Grau oder 70/02 bestand (siehe Profil 5). Mit diesen Änderungen erhielten die deutschen Jagdflieger nun endlich eine bessere und geeignetere Tarnbemalung, die in der Luft schlechter zu erkennen war.

Schlacht um England bis 1941

Während der Schlacht um England tauchten neue Grautöne auf. Die meisten, wenn nicht alle diese Farben wurden bei den Einheiten selbst zusammengemischt oder sie stammten – in einigen Fällen – aus französischen Beständen. Im August 1940 gab es eine wichtige Änderung in der Tarnbemalung der Jagdflugzeuge. Wegen der langen Flugzeiten über dem Kanal waren die hellblauen Rumpfseiten zu verräterisch. Als Lösung des Problems wurden die Rumpfseiten mit einer Vielzahl von grünen und grauen Farben gesprenkelt, oft mit der Spritzpistole, so daß die Flecken weiche Übergänge bekamen. Aber in einigen Fällen wurden die Farben auch mit dem Pinsel aufgetragen (siehe Profile 6 und 8).

1941–1944

Am 24. Juni 1941 bestätigte das RLM in einer Anordnung die neuen Farben für die Jagdflugzeuge, die nun aus einem völlig grauen Tarnmuster bestanden. Die Oberflächen wurden in zwei Schattierungen bemalt: 74 Dunkelgrau und 75 Grau. Alle Unterseiten wurden in der Farbe 76 Weißblau gestrichen. An den Seiten, einschließlich der Seitenflosse wurde eine große Zahl verschiedener Farben vorgesehen, die sich im Laufe des Krieges zwar immer wieder änderten, aber eine sehr frühe und weit verbreitete Kombination bestand aus 02 RLM Grau, 70 Schwarzgrün und 74 Dunkelgrau (siehe Profil 13).

Mittelmeer und Nordafrika

Die im Mittelmeerraum und in Nordafrika eingesetzten Flugzeuge hatten zu Beginn der Auseinandersetzungen noch das übliche graue Tarnschema, aber im Herbst 1941 wurde ein neues Tropenschema eingeführt.

Es bestand aus einer Unterseite mit der Farbe 78 Hellblau, während die Oberseite in den Farben 79 Sandgelb und 80 Olivgrün gestrichen war. Das Sandgelb wurde auf zwei verschiedene Arten angebracht: Über die ganzen Rumpfseiten oder nur bis etwa zur Mittellinie des Rumpfes (siehe Profile 23 und 25). Das Olivgrün wurde auch als Fleckenmuster über das Sandgelb gespritzt, doch wurde diese Farbe in der Praxis nur selten benutzt. Als sich die deutsche Wehrmacht Mitte 1943 auf das italienische Festland zurückziehen mußte, wurde schrittweise wieder das europäische Tarnschema eingeführt, da die Ersatzflugzeuge standardmäßig die grauen Tarnfarben auf der Oberseite hatten (siehe Profil 46).

Ostfront

Die an der Ostfront eingesetzten Flugzeuge waren mit dem europäischen Tarnschema bemalt. Wegen der an der Ostfront ständig wechselnden Bedingungen, der klimatischen Verhältnisse, der schnellen Verlegungen zwischen verschiedenen Klimazonen und auch wegen der Tatsache, daß die meisten Einsätze in geringen Höhen geflogen wurden, gab es neue Anforderungen an die Tarnbemalung der deutschen Jagdflugzeuge. So begannen verschiedene Einheiten mit neuen Farbmustern und -schattierungen zu experimentieren, und während des Krieges wurden dann aber ganz neue Tarnmuster und Farben eingeführt. Es entstand eine Vielfalt an Winter-Tarnbemalungen (siehe Profil 40), aber hauptsächlich setzten sich Variationen von grünen Farben durch (siehe Profile 44 und 58), die später zu neuen Tarnschemata wurden.

1944–1945

Am 1. Juli 1944 führte das RLM zwei neue Farben für die Oberseiten der Flugzeuge ein – die Farben 81 und 82. Das hatte zunächst noch keinen Einfluß auf die tatsächlich benutzten Farben, was erst durch einen späteren Befehl vom 15. August geschah. Danach mußten die Farben 65, 70, 71 und 74 zurückgezogen werden, und für die Oberseiten wurde neu die Farbe 83 eingeführt. Unglücklicherweise hat das RLM keine der drei neuen Farben spezifiziert, weder durch Beschreibung noch durch Farbkarten.

Aber im Laufe des Krieges gab es einige Beschreibungen dieser Farben. So gab die Firma Dornier im November 1944 die Farben 81 und 82 als Dunkelgrün an. Aber bei Messerschmitt wurde die Farbe 81 als Dunkelviolett und 82 als Hellgrün bezeichnet. Für die Farbe 83 gibt es dagegen überhaupt keine zeitgenössischen Berichte.

Wegen der nicht zu übersehenden Defizite in der Dokumentation streiten sich die Historiker noch immer über die tatsächlichen Nuancen dieser drei Farben. Einige behaupten, die Farbe 83 habe es nie gegeben und sind davon überzeugt, daß das, was wir heute als Farbe 83 bezeichnen, eigentlich nur eine blassere Variante der Farbe 82 sei. Was auch immer der aktuelle Stand der Nachforschungen sein mag, so geht dies über das Ziel dieses Buches hinaus, und die Autoren verweisen auf Kenneth A. Merrik und Thomas H. Hitchcock, deren Buch »The Official Monogram Painting Guide to German Aircraft« immer noch als eine genaue Quelle gelten kann. Danach handelt es sich bei den neuen Tarnfarben um 81 Braunviolett, 82 Dunkelgrün und 83 Hellgrün (siehe Profile 80 und 96).

Zur Zeit der Einführung dieser drei Farben wurde eine große Vielfalt an Farben verwendet, die bei den Einheiten zusammengemischt und mit Farben der Hersteller kombiniert wurden. Eine der von den Herstellern bekannten Kombinationen war die Mischung aus den Farben 70 und 74, die zu einem Grüngrau führten. Diese Farbe wurde in Kombination mit der Farbe 75 für gefleckte Anstriche und für die Oberseiten benutzt. Zu den Herstellern, die Ende 1944 diese Bemalung benutzten, gehörten Erla, Messerschmitt Regensburg und WNF, wo die Bf 109 G und K gebaut wurden (siehe Profil 81).

Es ist auch bekannt, daß die neuen Farben 81/82/83 in Kombination mit den älteren Farben 02/74/75 benutzt wurden (siehe Profil 82). In diesem Zusammenhang sollte man feststellen, daß die Farbkombination 82 mit 75 zur Standardtarnbemalung an den Oberseiten der Fw 190 D und der späteren Modelle der Bf 109 gehörte (siehe Profile 94 und 100). Der Grund für diese Kombinationen lag im lückenhaften Nachschub der verschiedenen Farben an die Hersteller, Depots und Einheiten. Durch die Kombination dieser Farben erhielten die deutschen Jagdflugzeuge eine sehr wirkungsvolle Tarnbemalung.

Folgende Farben wurden für alle Profile benutzt und durchwegs aufgehellt, um den Profilen einen maßstabsgerechten Effekt zu verleihen.

Markierungen

Hoheitszeichen

Im September 1939 bestanden die Hoheitszeichen der deutschen Jagdflugzeuge aus dem Balkenkreuz und dem Hakenkreuz. Das Balkenkreuz hatte außen eine schmale weiße Linie mit einer zusätzlichen schwarzen Außenlinie, und es war an beiden Seiten des Rumpfes sowie an den Ober- und Unterseiten der Tragflächen angebracht. Das Hakenkreuz befand sich in der Mitte der Seitenflosse und war schwarz und weiß mit einer dünnen schwarzen Außenlinie. Ende 1939/Anfang 1940 wurde eine Modifikation eingeführt, indem die dünne weiße Außenlinie an allen Balkenkreuzen, außer denen an den Flügeloberseiten, etwas verbreitert wurde. Zur selben Zeit wurde das Nazi-Symbol des Hakenkreuzes etwas mehr zur Vorderkante der Seitenflosse verschoben.

1942 wurden vereinfachte Formen des Balkenkreuzes und des Hakenkreuzes eingeführt, wobei die dünne, schwarze Außenlinie völlig weggelassen wurde. Die frühere Form war noch bis 1944 üblich, aber fast ausschließlich an den Fw 190 A! Im Laufe des Jahres 1942 gab es wieder eine einfachere Form – diesmal verschwand das schwarze Kreuz völlig, so daß nur die weißen Konturen übrig blieben, die auf eine kontrastierende Tarnfarbe aufgemalt waren. Diese neuen Bemalungen wurden nach einer größeren Überholung oder bei einem Neuanstrich in den Depots oder bei den Einheiten aufgebracht.

Um Zeit und Aufwand zu sparen, wurde dieses Balkenkreuz und ein ebenfalls vereinfachtes Hakenkreuz ohne weiße Außenlinie im Laufe der Jahre 1943 und 1944 schon bei den Flugzeugherstellern eingeführt. Diese vereinfachten Hoheitszeichen waren meistens an den Rumpfseiten und an den Oberseiten der Tragflächen angebracht, gelegentlich auch an den Unterseiten der Tragflächen. Sie waren entweder schwarz oder weiß, je nach der umgebenden Tarnfarbe. Aber in einigen Fällen wurde die alte Darstellung an den Flügelunterseiten beibehalten, jedoch ohne die weiße Außenlinie.

Gegen Ende des Krieges wurden die Abmessungen der Balkenkreuze und der Hakenkreuze verkleinert, um sie in der Luft weniger sichtbar zu machen.

Erkennungszeichen und Markierungen der Kampfgebiete

Weil sich der Krieg auf immer neue Kampfgebiete ausdehnte, mußte die Luftwaffe ab 1941 an ihren Flugzeugen neue Markierungen einführen.

Bestimmte Flächen des Flugzeugs wurden in spezifischen Farben des jeweiligen Kriegschauplatzes bemalt – als Erkennungsmerkmal am Boden und in der Luft. Als Flächen für diese speziellen Erkennungsmerkmale wurden hauptsächlich die Propellerhauben benutzt, ein Band um das Rumpfheck, die Seitenruder oder die Flügelspitzen. Während der Einsätze in Nordafrika, Italien und im Mittelmeerraum wurde die Farbe Weiß benutzt, an der Ostfront dagegen Gelb. Zwischen den einzelnen Einsatzgebieten gab es Unterschiede.

So wurde in Nordafrika ein weißes Band um die Motorhaube direkt hinter dem Propeller angebracht, an der Ostfront ein gelbes Band, das um den Rumpf lief, teilweise verdeckt vom Balkenkreuz. Außer diesen Unterschieden gab es wechselnde Praktiken, und es hing oft davon ab, zu welcher Einheit ein Flugzeug gehörte (dies wird in den Profilen dieses Buches deutlich).

Im Herbst 1943 wurden bei der Reichsverteidigung die Seitenruder oder sogar die ganzen Seitenleitwerke des vom Führer der Einheit geflogenen Flugzeugs weiß gestrichen, damit es in der Luft besser identifiziert werden konnte. Aber diese Praxis hielt sich nicht lange und wurde ersetzt durch neue, zusätzliche Erkennungszeichen. Diese Markierungen, die aus einer Serie von einfarbigen Bändern am Hinterrumpf bestanden, wurden Ende 1943 bei der Reichsverteidigung eingeführt: Rot für das JG 1, weiß für JG 3, gelb für JG 11 und grün für JG 27. Im Laufe der Jahre 1944 und 1945 wurde jedem Jagdgeschwader der Luftwaffe eine individuelle Reihe von einer, zwei oder drei Farben für ihr Rumpfband zugewiesen, wie z. B. gelb-weiß-gelb für das JG 2, schwarz und weiß für das JG 26 und ganz schwarz für das JG 53. Aber dies wurde nie ganz konsequent eingeführt, vor allem nicht bei den Einheiten, die an der Ostfront kämpften.

Die gelbe Unterseite der Motorhauben

Die heftigen Luftkämpfe über den britischen Inseln im Sommer 1940 verlangten nach schnellstmöglicher Erkennbarkeit in der Luft. In dieser Zeit wurden bei den deutschen Jagdflugzeugen große Flächen in gelb bemalt. Diese Farbe konnte man an den Flügelspitzen finden, an den Spitzen der Leitwerksflächen und an den Propellerhauben, aber die meistverbreitete Praxis war es, die Motorhaube und die Seitenruder in Gelb zu bemalen.

Dies wurde beibehalten, bis im Sommer 1941 neue Anweisungen kamen. Man hatte bald festgestellt, daß eine völlig gelbe Motorhaube zu verräterisch war, und so wurden nun nur noch die Unterseite der Motorhauben und die Seitenruder gelb bemalt.

Die Bemalung der Unterseite der Motorhauben wurde in den Depots und bei den Einheiten durchgeführt, aber es gibt auch Beweise dafür, daß dies gelegentlich auch schon bei den Herstellern geschah. Man muß festhalten, daß diese Regelung mit deutscher Gründlichkeit angewandt wurde. Die gelbe Unterseite der Motorhauben kennzeichnete das Aussehen der deutschen einmotorigen Tagjäger an allen Fronten bis Anfang 1945.

Nach den verwüstenden Angriffen deutscher Jäger auf alliierte Luftstützpunkte an der Westfront am Neujahrstag 1945 verschwand die gelbe Bemalung an der Unterseite der Motorhauben. Es gibt Beweise dafür (z. B. an neueren Funden in dieser Zeit abgeschossener Flugzeuge), daß einige Einheiten die Unterseite der Motorhauben mit der Farbe 76 weißblau übermalt haben. Das Bild wird aber noch dadurch kompliziert, daß die gelbe Unterseite der Motorhaube in einigen Fällen durch ein gelbes Band um die Haube direkt hinter dem Propeller ersetzt wurde. Dies kann man an einigen sehr gut bekannten Fotos der Bf 109 der II./JG 52 und der J. Gr. 101 feststellen, die nach dem Kriegsende auf dem Fliegerhorst Neubiberg abgestellt waren (siehe Profile 105 und 122).

Individuelle Ziffern und Markierungen der Einheiten

Jedes deutsche Tagjagdflugzeug konnte durch eine farbige Ziffer oder ein Stabssymbol vor dem Balkenkreuz an den Rumpfseiten identifiziert werden. Diese Identifizierungs-Markierungen gaben zusammen mit einem Rundzeichen, einer Wellenlinie oder einem Balken an, zu welcher Gruppe das jeweilige Flugzeug gehörte. Diese Praxis war nur bei den Einheiten der Tagjagd üblich.

Zu Beginn des Krieges kennzeichnete das Fehlen einer Markierung hinter dem Balkenkreuz an der Rumpfseite die I. Gruppe, ein horizontaler Balken die II. Gruppe, eine Wellenlinie oder ein senkrechter Balken die III. Gruppe. Als im Laufe des Krieges einige Geschwader durch eine vierte Gruppe erweitert wurden, kennzeichnete nur der senkrechte Balken die III. Gruppe, während das Rundzeichen oder die Wellenlinie zum Symbol der IV. Gruppe wurde.

Durch die Farbe der individuellen Markierungen wurde die Staffel gekennzeichnet, zu der das Flugzeug gehörte. Diese Praxis wurde aber nicht überall konsequent eingehalten.

Aber selbst wenn es zwischen den verschiedenen Einheiten einige Variationen gab, so kann man doch die am weitesten verbreiteten Farbsysteme wie folgt angeben:

- Weiß (normalerweise mit schwarzem Rand) für die erste Staffel einer Gruppe.*
- Rot oder schwarz (rot normalerweise mit schwarzer Einfassung, schwarz normalerweise mit weißer Einfassung) für die zweite Staffel.
- Gelb oder braun (schwarze oder weiße Einfassung) für die dritte Staffel.

Wenn es in jeder Gruppe eine vierte Staffel gab, dann benutzte sie die Farbe Blau. Die grüne Farbe war normalerweise für die Stabsstaffel der Gruppe oder des Geschwaders reserviert.

Die Staffelkapitäne flogen üblicherweise das Flugzeug mit der Nummer 1, obwohl diese Praxis im Laufe des Krieges mehr oder weniger aufgegeben wurde.

Die Stabsflugzeuge trugen in der Regel keine Ziffer, sondern ein Symbol. Diese bereits erwähnten Stabssymbole unterschieden sich von Geschwader zu Geschwader. Sie bestanden aus verschiedenen Kombinationen von Balken, Winkeln und Rundzeichen, normalerweise in Schwarz mit einer dünnen, weißen Einfassung. Es war üblich, das Flugzeug des Gruppenkommandeurs mit einem Doppelwinkel zu kennzeichnen, während das Flugzeug des Gruppenadjutanten einen einfachen Winkel zeigte. Im Geschwaderstab kennzeichnete ein einfacher Winkel, gefolgt von einem senkrechten Balken oft das Flugzeug des Geschwaderadjutanten, oder auch des Geschwaderkommodores.

* Da jede Gruppe normalerweise aus drei Staffeln bestand und ein Geschwader drei Gruppen mit insgesamt neun Staffeln hatte (durchnumeriert von 1–9), bezeichnet der Begriff erste Staffel einer Gruppe konsequenterweise die Staffeln 1, 4 und 7 eines bestimmten Geschwaders (siehe Seite 135).

Insignien der Einheiten

Zu Beginn des Krieges trugen die meisten deutschen Jagdflugzeuge verschiedene Insignien ihrer Einheiten. Das waren entweder Insignien des Geschwaders, der Gruppe oder der Staffel, oder auch eine Kombination von zweien oder allen drei. Diese Wappen der Einheiten fanden sich meist an den Motorhauben oder unterhalb des Cockpits, und zu Beginn des Krieges tauchten sie sogar am Hinterrumpf auf. Aber schon 1940 wurden diese Embleme wieder entfernt. Diese Maßnahmen – und auch das offizielle Verbot dieser Embleme Anfang 1945 – hatte seinen Grund wohl darin, daß man der Spionage vorbeugen wollte.

Eine andere Art der Kennzeichnung von Flugzeugen derselben Einheit war die Bemalung der Nasen in derselben Farbe. Ein interessantes Beispiel dafür ist die I./JG 1 der Reichsverteidigung, deren Fw 190 zunächst das schwarz-weiße Schachbrett an den Motorhauben trugen. Aber als die P-47 Thunderbolts der 78th Fighter Group der USAAF im Frühjahr und Sommer 1943 über Holland und Nordwestdeutschland mit demselben Emblem auftauchten, mußten die deutschen Piloten ihre Bemalung ändern. Die deutschen Flakschützen begriffen nun sehr schnell, daß die Schachbrett-Nasen die Ziele waren, die sie abschießen mußten.

Individuelle Markierungen

Normalerweise hatte jeder deutsche Jagdflieger (besonders in den ersten Kriegsjahren) sein eigenes, individuelles Flugzeug. Deshalb neigten die Piloten und die Bodenmannschaften dazu, ihre Flugzeuge mit ganz persönlichen Markierungen zu kennzeichnen. Diese Praxis der individuellen Kennzeichnung von Flugzeugen ist in allen Luftstreitkräften üblich, und es war dabei fast alles möglich, z. B. ein Namenszug oder eine Karikatur. Aber auch diese Praxis verschwand gegen Ende des Krieges allmählich, und zwar aus den genannten Gründen (Verbot von Emblemen wegen Spionagegefahr), aber auch deswegen, weil es immer seltener üblich war, daß ein Pilot ein persönlich für ihn reserviertes Flugzeug hatte.

Abschußbalken

Die bekannten Abschußbalken auf den Flugzeugen kamen schon 1939 beim Feldzug gegen Polen auf und wurden auf das Seitenleitwerk gemalt. Zuerst waren es nur ganz einfache Balken ohne besondere Kennzeichnung der Hoheitszeichen oder des Datums. Schon 1940 wurden die Abschußbalken aber ergänzt mit kleinen Hoheitszeichen und mit dem Datum. Zu dieser Zeit rückten die Abschußbalken auf das Seitenruder, wo sie für den Rest des Krieges auch blieben. Als die Zahl der Abschüsse, die einzelne Piloten erreichten, immer größer wurde, fing man wieder von vorne an: Nachdem Adolf Galland für eine bestimmte Zahl von Abschüssen eine Auszeichnung bekommen hatte – so wurde er im Juni 1941 mit den Schwertern zum Ritterkreuz mit Eichenlaub dekoriert -, malte er die Zahl 69 mit einem Lorbeerkranz auf das Seitenruder seiner Bf 109F, und der 70. Abschuß wurde dann mit mit einem neuen, ersten Abschußbalken markiert, usw. (siehe Profil 20).

Die Gewohnheit, die Abschußbalken auf die Seitenruder zu malen, wurde sowohl von den Vorgesetzten als auch von der Propagandamaschinerie der Nazis unterstützt. Fotos von dieser ziemlich zynischen Art, über Abschüsse Buch zu führen, wurden in deutschen Zeitungen und Jugendmagazinen häufig abgebildet. (Allerdings war es in fast allen Luftstreitkräften üblich gewesen, die Zahl der Abschüsse in der einen oder anderen Weise darzustellen. Die auffälligste Form wurde von der amerikanischen Jagdfliegern verwendet.)

Als sich das Kriegsgeschehen allmählich gegen Deutschland wandte, wurde die Anbringung der Abschußbalken seltener. Denn die alliierten Gegner kannten natürlich die Bedeutung der Abschußbalken, und als die Mustangs, Thunderbolts und Spitfires die Luftherrschaft über Deutschland hatten, begannen sie vor allem die deutschen Experten zu jagen, die sie an den Reihen der Abschußbalken identifizieren konnten. Die Entfernung dieser Balken wurde also bald zu nichts anderem als zu einer schlichten Selbstschutzmaßnahme.

Das Entstehen eines Profils

Mein Ziel als Illustrator und Co-Autor dieses Buches war es, genaue Profile darzustellen, ergänzt durch Photographien und Texte. Das war eine aufwendige Arbeit, und ich möchte einige der Schwierigkeiten nennen, die während der Arbeit an diesem Werk auftraten.

Eines der größten Probleme war es, eine komplette Foto-Dokumentation zusammenzustellen, entweder mit der Darstellung des ganzen Flugzeugs oder wenigstens mit möglichst großen Teilen davon.

Wenn man ein interessantes Flugzeug gefunden hat, steht man vor dem Problem der Identifizierung der exakten Version und des Piloten, der dieses Flugzeug geflogen hat. Es geht um das wann und wo? Natürlich gibt es eine ganze Flut von Literatur zu diesem Thema, die aber meistens nicht sehr genau ist.

Die Wahl der Farben

Die erste Aufgabe bei der Erstellung eines Profils ist es, auf den Originalfotos die verschiedenen Nuancen von schwarz und weiß festzustellen, um daraus die korrekten Farben für die Tarnfarben und die Markierungen ableiten zu können.

Dabei muß man sich mit fototechnischen Fragen auseinandersetzen, wie z. B. mit welcher Belichtung das Foto damals aufgenommen wurde – es kann eine korrekte, aber auch eine über- oder unterbelichtete Aufnahme sein. Diese Information ist wichtig, wenn man die genauen, originalen Farben feststellen will, um daraus später das Profil ableiten zu können. Außerdem muß man sich Gedanken darüber machen, bei welchem Licht eine Aufnahme entstanden ist, denn es macht natürlich einen großen Unterschied, ob ein Objekt im Sonnenlicht oder im Schatten aufgenommen wurde.

Ein weiterer Problempunkt für die Erstellung eines Profils ist die bedauerliche Tatsache, daß während des Zweiten Weltkriegs meistens orthochrome Filme benutzt wurden, bei denen sich die Nuancen der Bilder ständig verändern. So sehen auf den Fotos dieser Zeit die leichten Farbtöne wie z. B. gelb nach jetzt 60 Jahren auf den Abzügen dunkelgrau oder gar schwarz aus. Dasselbe gilt für die relativ seltenen Farbfotos, die es aus dieser Zeit gibt, da die Filme verschiedener Fabrikate eine unterschiedliche Haltbarkeit aufweisen, und die Farben dieser Filme mit den Jahren verblassen. Aber natürlich sind Farbbilder viel aufschlußreicher als schwarzweiße.

Ein weiterer wichtiger Faktor ist, daß die originale Tarnbemalung der Flugzeuge mit der Zeit auch etwas schwächer wurde.

Die eingekreisten Dreifarbenkombinationen sind die für die Profile am meisten benutzten Tarnfarben.

70	71	65	70	02	65
71	02	65	74	75	76
79	80	78	70/74	75	76
82	75	76	81	82	76
81	83	76	82	83	76

In schwarz-weiß erscheinen dieselben Farben in diesen Schattierungen:

70	71	65	70	02	65
71	02	65	74	75	76
79	80	78	70/74	75	76
82	75	76	81	82	76
81	83	76	82	83	76

Graphische Arbeiten

Um ein Flugzeug-Profil von hoher Qualität erstellen zu können, braucht man gute Strichzeichnungen der Seitenansichten. Viele der bisher veröffentlichten Profile haben einfach nicht die richtigen Proportionen. Erst wenn man diese Voraussetzung hat, kann man mit der Farbgebung beginnen.

Der Graphiker begann damit, zuerst alle verschiedenen Farben vorzubereiten, wie sie bei der deutschen Jagdwaffe im Zweiten Weltkrieg benutzt wurden. Da alle 124 Profile mit demselben digitalen Programm eines Macintosh-Computers und der Software Adobe Photoshop erstellt wurden, konnte die ganze Farbabstimmung mit zufriedenstellenden Ergebnissen am Bildschirm gemacht werden.

Das genaue Verfahren der Herstellung dieser Profile bleibt das kleine Geheimnis des Graphikers. Außerdem wäre es auch etwas kompliziert, diese Vorgänge hier zu beschreiben. Was man aber sagen kann, ist, daß das angewandte Verfahren in etwa der bekannten Airbrush-Technik unter Benutzung von Schablonen entspricht.

Der Graphiker möchte zum Schluß noch darauf hinweisen, daß er die meisten Profile in genau der Kondition präsentiert, in der sich das Original-Flugzeug befand, als das benutzte Foto entstand. Wir schließen nun in der Hoffnung, daß der Leser an den 124 Farb-Profilen Gefallen findet.

1. Messerschmitt Bf 109 E-1

geflogen von Hauptmann Hannes Trautloft, 2./JG 77,
Juliusburg, Deutschland, September 1939

Im Gegensatz zu den meisten Schilderungen des Zweiten Weltkriegs war der »tödliche Schlag« der Luftwaffe gegen die polnische Luftwaffe am 1. September 1939 eigentlich ein großer Fehlschlag. Die meisten polnischen Flugzeuge konnten den Angriffen auf ihre Stützpunkte entkommen und belästigten die Deutschen im Laufe des ganzen Krieges immer wieder mit gezielten Angriffen. So hat zum Beispiel die polnische Jagdgruppe Dyon III/I am 6. September eine gemischte Formation von Ju 87 Stukas und Do 17 Bombern angegriffen und sechs deutsche Flugzeuge abgeschossen. Dyon IV/I behauptete, später am selben Tag neun deutsche Flugzeuge abgeschossen zu haben.

Dennoch muß man sagen, daß dieser Tag von den Invasoren beherrscht wurde. Ekkehard Priebe, einer der Piloten der 2./JG 77, erinnert sich: »Wir hatten in Polen sehr wenig Kontakt mit Jagdflugzeugen.« Dennoch schoß Priebes Staffelkapitän, Hauptmann Hannes Trautloft, am 5. September einen Aufklärer PZL-23 ab. Trautloft wurde später zu einem der meistbekannten Führer der deutschen Luftwaffe.

2. Messerschmitt Bf 109 E-3

geflogen von Leutnant Josef »Jupp« Bürschgens, 2./JG 26,
Bonn-Odendorf, Deutschland, 28. September 1939.

Am 28. September 1939 flog Leutnant Josef Bürschgens (2./JG 26 »Schlageter«) über der Front an der Saar Begleitschutz für einen Aufklärer Henschel Hs 126, als plötzlich elf französische Curtiss Hawk auftauchten. Obwohl seine Chancen offensichtlich sehr schlecht standen, nahm »Jupp« Bürschgens die Herausforderung an und ging zum Gegenangriff über, so daß sein Schützling entkommen konnte. Er konnte sogar einen der angreifenden französischen Jäger abschießen. Aber dieser erste Luftsieg für das Schlageter-Geschwader kostete Bürschgens beinahe das Leben. Mit zwei Schußverletzungen und seiner beschädigten Messerschmitt machte Bürschgens auf einem sicher scheinenden Feld im Niemandsland eine Bauchlandung. Aber es stellte sich heraus, daß dies ein Minenfeld war. Doch der Luftwaffen-Leutnant hatte Glück. Er konnte die Minen umgehen und wurde von einer Infanteriestreife gerettet.

Wegen seiner schweren Verwundungen konnte der 22 Jahre alte Bürschgens für die nächsten acht Monate nicht an die Front zurückkehren. Als er er im Juni 1940 beim JG 26 wieder im Cockpit einer Messerschmitt Bf 109 saß, konnte er zehn andere feindliche Flugzeuge abschießen, bevor er selbst am 1. September 1940 über Südengland irrtümlich von einer Messerschmitt Bf 110 heruntergeholt wurde. Den Rest des Krieges verbrachte er als britischer Kriegsgefangener.

1
4027

5

3. Messerschmitt Bf 109 E-1

geflogen von Leutnant Heinz Berthel, 2./JG 52,
Bonn-Hangelar, Deutschland, 6. Oktober 1939.

Obwohl die französische Luftwaffe wegen ihrer überholten Organisation, des konservativen taktischen Denkens und ihres der Luftwaffe unterlegenen Materials benachteiligt war, zeigten die französischen Piloten ein Durchhaltevermögen, das nicht leicht zu überwinden war. Auch wenn alles gegen sie stand, nahmen sie bis zum bitteren Ende einen tapferen Kampf auf.

Bis Juni 1940 hatten die elf Jagdgruppen, ausgerüstet mit Morane-Saulnier Jagdflugzeugen, 191 deutsche Flugzeuge abgeschossen, während bei denselben Auseinandersetzungen nahezu 400 ihrer eigenen Piloten getötet wurden.

Leutnant Berthel startete am 6. Oktober vom Fliegerhorst Bonn-Hangelar in der abgebildeten Maschine. Sein Einsatz führte ihn über die französische Grenze und eine Stunde später kehrte er zurück, wackelte mit den Flächen seiner Messerschmitt Bf 109, um den ersten Luftsieg seiner Einheit, des JG 52, anzuzeigen.

Das JG 52 gehörte damals noch längst nicht zu den Eliteeinheiten, wurde aber später mit nicht weniger als 11000 Luftsiegen zum erfolgreichsten Jagdgeschwader des ganzen Krieges.

4. Messerschmitt Bf 109 E-1

geflogen von Leutnant Winfried Schmidt, 5./JG 77,
Jever, Deutschland, 18. Dezember 1939.

In den ersten Kriegsmonaten war es an der Westfront bemerkenswert ruhig geblieben. Aber als am 17. Dezember 1939 vor der Küste Englands ein britisches Vorpostenboot von deutschen Flugzeugen versenkt wurde, startete die Royal Air Force am nächsten Tag mit 44 Bombern einen Angriff auf den deutschen Marinestützpunkt Wilhelmshaven. Die anfliegenden Formationen wurden vom deutschen Radar ausgemacht, der Jagdschutz wurde alarmiert, und 50 Messerschmitt Bf 109 und Bf 110 machten einen Alarmstart.

Die folgende Auseinandersetzung, die am nächsten Morgen in deutschen und internationalen Zeitungen als »Luftschlacht über der Deutschen Bucht« bezeichnet wurde, geriet für die Briten zu einem kompletten Desaster. Leutnat Helmut Lent vom I./ZG 76, eines der aufsteigenden Talente der Luftwaffe, fügte seinem ersten Luftsieg vom Vortag noch zwei Abschüsse hinzu. Andere Piloten im I./ZG 76 zerstörten weitere vier Wellington-Bomber. Neun Bf 109-Piloten im II./JG 77 verzeichneten in diesem Kampf ihre ersten Luftsiege, einer davon war Leutnant Winfried Schmidt.

Der draufgängerische Schmidt sollte im Laufe von kaum mehr als einem Jahr aber dreimal abgeschossen und verwundet werden. Am 24. Mai 1940 wurde er über Dünkirchen durch Flakbeschuß verwundet. Am 27. September desselben Jahres schossen polnische Piloten im Dienst der RAF seine Messerschmitt über Südengland ab und verwundeten ihn. Das dritte und letzte Mal wurde er im Juli 1940 bei einem Einsatz an der Ostfront so schwer verwundet, daß er für immer vom Fronteinsatz zurückgezogen werden mußte. Zu diesem Zeitpunkt hatte Hauptmann Winfried Schmidt 19 Abschüsse verbuchen können.

5. Messerschmitt Bf 109 E-4
geflogen von Oberleutnant Gerhard Schöpfel, 9./JG 26,
Chaffirs, Frankreich, 18. August 1940.

Der 18. August 1940 war einer der erfolgreichsten Tage für das RAF Fighter Command. An diesem Tag schafften es die Hurricane- und Spitfire-Piloten, nicht weniger als 66 deutsche Flugzeuge abzuschießen. Vor allem die Verluste bei Stuka-Einheiten waren so schwer, daß die Ju 87 von weiteren Einsätzen in der Schlacht um England zurückgezogen werden mußten. Aber die Luftkämpfe verliefen nicht immer so einseitig.

An diesem selben Sonntag flog der 27 Jahre alte Gerhard Schöpfel bei der Eliteeinheit III./JG 26, während sein Gruppenkommandeur Adolf Galland gerade in einer Konferenz mit Hermann Göring saß. Um 1 Uhr nachmittags traf Schöpfel über Canterbury auf die Hurricanes der 501 RAF-Squadron. Innerhalb von zwei Minuten schoß er vier Hurricanes ab und konnte sich dann unbehelligt absetzen. »Es war ziemlich einfach, es müssen Anfänger gewesen sein«, so kommentierte Schöpfel lakonisch seinen Erfolg. Aber diese Vermutung erwies sich als falsch, denn mindestens drei der von ihm abgeschossenen britischen Piloten hatten monatelange Einsatzerfahrung. Einer von ihnen war Pilot Officer Lee, ein Flieger-As, von dem der berühmte RAF-Jagdflieger Billy Drake einst gesagt hatte: »Er gehört zu den wenigen Männern, die überhaupt keine Angst haben.«

Als Galland im Dezember 1941 General der Jagdflieger wurde, bekam Gerhard Schöpfel seine Beförderung zum Geschwaderkommodore des JG 26. Bei Kriegsende hatte er 40 bestätigte Luftsiege, einschließlich drei viermotorige Bomber und 22 Jagdflugzeuge.

Anmerkung: Das »Höllenhund-Emblem« der 9./JG 26 ist unter dem Cockpit zu sehen. In diesem Profil ist es schwarz abgebildet, weil es im ursprünglichen schwarz-weiß-Foto dunkel aussieht. Es könnte aber auch rot gewesen sein.

6. Messerschmitt Bf 109 E-4
geflogen von Hauptmann Helmut Wick, Stab I./JG 2,
Mardyck, Belgien, 6. Oktober 1940.

»Mölders hat mich zu dem gemacht, was ich heute bin,« erzählte Helmut Wick im Herbst 1940 einem deutschen Reporter, als er einer der erfolgreichsten Experten der deutschen Jagdwaffe war. Helmut Wick hatte seine Laufbahn als Jagdflieger beim I./JG 53 begonnen, der zu dieser Zeit auch Werner Mölders angehörte.

Am 22. November 1939 errang er an der Westfront seinen ersten Luftsieg. Während der Invasion Frankreichs stießen Wick und drei andere Messerschmitt-Piloten auf 30 französische Curtiss Hawk-Jagdflugzeuge. Beim folgenden Luftkampf konnten die Deutschen den Spieß umdrehen. Fünf Curtiss Hawk wurden abgeschossen, und davon fielen vier den Kanonen von Wicks Bf 109 zum Opfer. Als der Krieg gegen Frankreich zuende war, hatte Wick 15 Luftsiege errungen.

In seinem ersten Luftkampf über Großbritannien schoß Wick hintereinander drei Spitfire ab. Am 26. August 1940 erzielte er seinen 20. Abschuß. Zu dieser Zeit war er Staffelkapitän der 3./JG 2 »Richthofen«. Vier Tage später fielen ihm Pilot Officer Jenkins und Sergeant Noble von der RAF zum Opfer, als er seine Abschußliste auf 22 erhöhte. Im September 1940 wurde Wick zum Gruppenkommandeur der I./JG 2 ernannt. Am 6. Oktober errang er seine Luftsiege 40 bis 42 und übernahm im selben Monat das Kommando des Geschwaders »Richthofen«.

7. Messerschmitt Bf 109 E-4

geflogen von Leutnant Erwin Leykauf, 8./JG 54,
Guines, Frankreich, Oktober 1940.

Das deutsche Oberkommando mußte im Oktober 1940 zugeben, daß die geplante Vernichtung der RAF fehlgeschlagen war. Die Verluste auf beiden Seiten waren sehr groß. Die exakten Verlustzahlen der Schlacht um England sind bis heute umstritten. Für viele Jahre dienten die von Winston Churchill in seinen Kriegserinnerungen genannten Statistiken als die einzigen Bezugspunkte. Nach dieser Quelle wurden für jeden verlorenen britischen Jäger zwei deutsche Flugzeuge abgeschossen. Neuere Forschungen kommen jedoch zu anderen Ergebnissen. Die Verlustlisten der RAF, die in Churchills detaillierten Memoiren unerklärlicherweise fehlten, nennen für den Zeitraum vom 10. Juli bis 31. Oktober 1940 den Verlust von 1671 zerstörten Flugzeugen, dazu 995 mit schweren Beschädigungen. Entsprechende Statistiken der deutschen Seite führen für denselben Zeitraum 1400 Flugzeuge auf, die bei Kampfhandlungen verloren wurden, davon 502 Bf 109.

Eine der Eliteeinheiten, die an der Schlacht um England teilgenommen hatten, war das JG 54 »Grünherz«, das während der Luftschlacht den Abschuß von 238 britischen Flugzeugen meldete. Einer der bemerkenswertesten jungen Offiziere des JG 54 in den ersten Kriegsjahren war Leutnant Erwin Leykauf, dem insgesamt 33 Luftsiege zugeschrieben wurden, die meisten davon an der Ostfront. Der Höhepunkt seiner Karriere als Jagdflieger war die Nacht des 23. Juni 1942, als er sechs leichte sowjetische Bomber abschoß.

Anmerkung: Erwin Leykaufs Flugzeug ist ziemlich ungewöhnlich, weil die »schwarze 3« an den Rumpfseiten vor dem Hoheitszeichen angebracht ist und nicht vor dem Cockpit, wie es bei der 8./JG 54 damals üblich war.

8. Messerschmitt Bf 109 E-4

geflogen von Leutnant Josef Eberle, 9./JG 54,
De Kooi, Holland, Oktober 1940.

Reichsmarschall Hermann Göring gab den Jagdfliegern die Schuld daran, daß Großbritannien nicht besiegt werden konnte. Ohne die Tatsache zur Kenntnis zu nehmen, daß die Reichweite der Bf 109 begrenzt war, machte er die Jagdflieger für die schweren Verluste an Bombern verantwortlich und forderte, daß sie von nun an die Tagangriffe gegen Großbritannien selbst zu übernehmen hätten. Objektiv gesehen, war dies eine durchaus vernünftige Taktik, weil dadurch die Jagdflieger der RAF zum Kampf mit den deutschen Jägern gezwungen wurden. Die deutschen Jagdflieger sahen darin aber nur eine Degradierung (was Göring auch beabsichtigt hatte!), und als Konsequenz verflüchtigte sich der Kampfgeist der Jagdflieger immer mehr.

Am Nachmittag des 9. Oktober 1940 stießen die Spitfires der 41 RAF Squadron unter dem Geschwaderführer Finlay auf die Jagdbomber der III./JG 54, die britische Jagdfliegerstützpunkte in Kent angriffen. Um 3.30 Uhr stürzte die Bf 109 von Feldwebel Fritz Schweser am Rande von Rochester ab. Dies war das 14. Feindflugzeug, das vom britischen Jäger-As Pilot Officer Eric (»Sawn-Off«) Lock in den letzten fünf Wochen abgeschossen worden war. Fünf Minuten später schoß Locks Freund, Pilot Officer Walker, eine zweite Messerschmitt Bf 109 ab und nahm damit Schwesers Freund Leutnant Josef Eberle das Leben. Eberle war einer von 43 Piloten, die während der Schlacht um England im Dienst des JG 54 gefallen waren.

3

13

9. Messerschmitt Bf 109 E-4

geflogen von Major Adolf Galland, Stab/JG 26,
Audembert, Frankreich, 15. Oktober 1940.

Major Adolf Galland flog am Dienstag, den 15. Oktober 1940, mit seiner Messerschmitt Bf 109 in 6500 Metern Höhe über England. Nach seiner Rückkehr schrieb er folgenden Bericht über die Umstände, unter denen er seinen 45. bestätigten Luftsieg errungen hatte:

»Auftrag: Begleitschutz für die II./LG 2 und eigene Jagdbomber gegen London. Während des Anflugs schützten ich und meine Staffel die II./LG 2 vor einem Angriff, der von einer Spitfire-Staffel von hinten geführt wurde. Ich griff von unten eine einzelne Spitfire an, die vom Rest ihrer Staffel getrennt war. Aus einer Entfernung von 150 bis 200 Metern eröffnete ich das Feuer und beobachtete die Treffer, während das Feindflugzeug in den Horizontalflug überging. Mein Rottenflieger und ich machten noch jeweils einen weiteren Schießanflug gegen die Spitfire, die zu diesem Zeitpunkt schon mit sehr geringer Geschwindigkeit flog und keinerlei Ausweichmanöver durchführte. Plötzlich sahen wir, wie der Pilot ausstieg und sich mindestens 1000 Meter durchfallen ließ, bevor er den Fallschirm öffnete«.

Ein Vergleich mit den Verlustlisten der RAF zeigt, daß es sich bei den von Gallands Staffel angegriffenen Flugzeugen nicht um Spitfires, sondern um Hurricanes der 46 RAF Squadron handelte. Das unglückliche Opfer von Gallands Jagdfieber war Sergeant A.T. Gooderham, der mit leichten Verbrennungen aussteigen konnte.

10. Messerschmitt Bf 109 E-4

geflogen von Major Helmut Wick, Stab/JG 2,
Beaumont, Frankreich, 9. November 1940.

»So lange ich feindliche Flugzeuge abschießen kann, um dem Richthofengeschwader und meinem Vaterland zum Erfolg zu verhelfen, bin ich glücklich. Ich will kämpfen und, falls notwendig, im Kampf fallen, aber dabei hoffe ich, so viele Feinde wie möglich mit mir zu nehmen.« Für den 25 Jahre alten Helmut Wick, dem diese Äußerung zugeschrieben wird, wurde das Abschießen von Flugzeugen zur Philosophie. In einer sehr kurzen Zeitspanne konnte er 56 Luftsiege erringen.

Am 28. November 1940 erfüllte sich das Schicksal, das er für sich selbst vorhergesagt hatte. In einem kurzen, aber heftigen Luftkampf zwischen einigen Bf 109 des JG 2 und den Spitfires der RAF 609 Squadron über dem Kanal südlich der Needles, wurde Wicks Bf 109 in Flammen geschossen. Der erfolgreiche britische Schütze Flight Lieutenant John »Cocky« Dundas (ein As mit 14 Abschüssen) wurde kurz danach von Wicks Rottenflieger Rudi Pflanz tödlich getroffen. Helmut konnte zwar aus seiner stürzenden Maschine aussteigen, aber als er in sein Schlauchboot kletterte, war dies das letztemal, daß man ihn gesehen hat.

Rudi Pflanz konnte 50 feindliche Flugzeuge abschießen, bevor er kaum zwei Jahre nach diesen Ereignissen selbst im Luftkampf fiel.

Der Einsatz, von dem Helmut Wick nicht mehr zurückkehrte, wäre auch unter anderen Umständen sein letzter gewesen. Kurz nachdem er an diesem schicksalhaften Donnerstag von Beaumont-le-Roger aus gestartet war, kam vom Oberkommando der Luftwaffe ein Befehl, der Helmut Wick mit sofortiger Wirkung aus dem Einsatz nahm.

Anmerkung: Es handelt sich um dasselbe Flugzeug wie unter Nummer 6 beschrieben, wenn auch mit erheblich veränderter Bemalung. Der Spinner ist spitz zulaufend, aber es könnte sich auch um die alte, abgestumpfte Form gehandelt haben.

HORRIDO

11. Messerschmitt Bf 109 E-7 trop

geflogen von Oberleutnant Joachim Müncheberg, 7./JG 26,
Gela, Sizilien, 28. März 1941.

Im Laufe des Jahres 1941 wurden viele der auf Malta stationierten Jäger der RAF von nur einem Piloten abgeschossen – dem 22 Jahre alten Jochen Müncheberg.

Als die 7./JG 26 am 9. Februar 1941 auf dem Fliegerhorst Gela eintraf, standen beim Gegner zwölf Hurricanes im Einsatz. In den drei Tage dauernden Luftkämpfen – 12., 21. und 22. Februar – wurden ohne deutsche Verluste acht Hurricanes abgeschossen. Davon gingen vier auf das Konto von Oberleutnent Müncheberg, es waren seine Luftsiege 21 bis 25. Innerhalb von zwei Monaten schaltete die 7./JG 26 den Widerstand der britischen Jäger auf Malta, das mit Hurricanes ausgerüstete 261 Squadron, fast völlig aus. Schließlich mußte das Air Command Malta diese Einheit auflösen.

Nachdem die RAF auf Malta durch mehr Jagdflugzeuge verstärkt worden war, wurden sie von Münchebergs Staffel prompt abgeschossen. Vom Februar bis Juli 1941 verzeichnete die 7./JG 26 52 Luftsiege, einschließlich der 25 Abschüsse Münchebergs. Dabei verlor diese Staffel keinen einzigen ihrer Piloten.

Am 23. März 1943 wurde Major Jochen Müncheberg über Tunesien abgeschossen, nachdem er insgesamt 135 bestätigte Luftsiege errungen hatte.

12. Messerschmitt Bf 109 F-2

geflogen von Oberstleutnant Werner Vati Mölders, Stab/JG 51,
Wiesbaden, Deutschland, Juni 1941.

Es war vermutlich dieses Flugzeug, mit dem Werner Mölders am 15. Juni 1941 während eines Luftkampfes an der Ostfront der erste Jagdflieger wurde, der die magische Zahl von 100 Luftsiegen erreichte. Die Erfolge des legendären Werner Vati Mölders sind so bekannt, daß sie hier nicht wiederholt werden müssen. Weniger bekannt sind die Umstände, unter denen er sein Leben verlor. Vati Mölders war zur Zeit seines Todes am 22. November 1942, der als Flugunfall bezeichnet wurde, der wohl größte Volksheld der Nazi-Propaganda. Aber in der deutschen Widerstandsbewegung wurde ein Augenzeugenbericht verbreitet, der eine andere Version beschrieb: Es wurde beobachtet, daß aus der Heinkel He 111, in der Mölders reiste, ein menschlicher Körper gefallen sein soll.

Tatsache ist, obwohl kaum öffentlich bekannt geworden, daß sich Mölders kurz vor seinem Tod gegen das Nazi-Regime gewandt hatte. Die Gewalt gegen Frauen und Männer der Kirche, die sich gegen die Grausamkeiten in Deutschland aussprachen, hatten den Katholiken Werner Mölders aufgebracht. Nachdem der Bischof von Münster, der sich vehement gegen die Nazis ausgesprochen hatte, gefangen genommen worden war, legte Mölders alle seine Orden ab und schickte sie mit seinem Nazi-Parteibuch an die Parteileitung zusammen mit einem Protestbrief, in dem er erklärte, er weigere sich von nun an, weiterhin die Insignien dieses Regimes zu tragen. Wenige Wochen später erfuhr die Welt vom Tod des größten deutschen Flieger-Asses.

13. Messerschmitt Bf 109 F-2

geflogen von Hauptmann Rolf-Peter Pingel, Stab I./JG 26, St. Omer-Clairmairais, Frankreich, 10. Juli 1941.

Als die ersten, schwer bewaffneten viermotorigen britischen Bomber auftauchten, war dies ein böser Schock für die deutschen Jagdflieger. Gegner dieser Art waren sie nicht gewohnt, und es gab noch keine entsprechende Taktik zu ihrer Bekämpfung. Bevor sich die Piloten auf diesen neuen Gegner einstellen konnten, erlitt die Luftwaffe bei den Auseinandersetzungen mit den viermotorigen Bombern schwere Verluste.

So war es auch am 10. Juli 1940, als der Führer der I./JG 26, Hauptmann Rolf-Peter Pingel, einen viermotorigen Short Stirling-Bomber verfolgte, der sich auf dem Rückflug über dem Kanal befand. Der Heckschütze der Stirling traf mit wenigen Geschossen den Motor von Pingels Bf 109 F-2. Dann stieß Pingel auf einige Spitfires und mußte nahe Dover eine Bauchlandung machen. Noch bevor er seine Messerschmitt in Brand setzen konnte, wurde er von den Briten gefangengenommen. Damit hatte Hauptmann Pingel, einer der vielversprechendsten Offiziere in Gallands Jagdgeschwader, die zweifelhafte Ehre, dem Feind das erste Exemplar der neuen Messerschmitt Bf 109 F Fritz in durchaus reparabler Form überlassen zu haben.

Rolf Pingel hatte im Spanischen Bürgerkrieg vier Luftsiege errungen, im Zweiten Weltkrieg weitere 22, und er wurde mit dem Ritterkreuz ausgezeichnet.

14. Messerschmitt Bf 109 E-7

geflogen von Leutnant Hermann Graf, 9./JG 52, Byelaya Tserkov, Ukraine, 4. August 1941.

Im August 1941 errang Leutnant Hermann Graf von der 9./JG 52 seine ersten vier Luftsiege, als er in Byelaya Tserkov in der Ukraine stationiert war. Während dieser Zeit wurden Graf und seine Staffelkameraden Augenzeugen der Massaker gegen Juden in Byelaya Tserkov.

Ein Zug der Waffen-SS exekutierte zwischen dem 8. und 19. August mit Unterstützung ukrainischer Nationalisten völlig öffentlich Hunderte von jüdischen Frauen und Männern. Später am 22. August metzelten sie zwischen 80 und 90 Kinder hin. Alle Soldaten und Piloten, die sich damals in Byelaya Tserkov aufhielten, wußten davon.

Graf unterdrückte irgendwie, was er von diesem Massaker gesehen hatte und viele weitere Greueltaten, die noch geschehen sollten. Er wurde sogar zu einem der erfolgreichsten Jagdflieger der Geschichte, und während der folgenden 13 Monate erzielte er an der Ostfront die unglaubliche Zahl von 200 Luftsiegen. Nach dem Krieg tauchten aber die Erinnerungen an Belaya Tserkov wieder auf. Graf beteiligte sich an der Organisation kommunistischer Wehrmachts-Offiziere.

Anmerkung: Da von Hermann Grafs »Emil« kein bekanntes Foto existiert, basiert dieses Profil auf den Fakten über dieses Flugzeug und auf Fotos anderer Bf 109 E der 9. Staffel.

9

15. Messerschmitt Bf 109 F-2

geflogen von Oberleutnant Hubert Hubs Mütherich, 5./JG 54,
Samra, Rußland, 6. August 1941.

Hubs Mütherich nahm an der Schlacht um England teil und schoß dabei seine ersten acht Feindflugzeuge ab. Nachdem er im April 1941 in Jugoslawien zwei weitere Luftsiege errungen hatte, wurde er Staffelkapitän der 5./JG 54 und führte diese Einheit später während der Invasion der Sowjetunion.

Hannes Trautloft, der berühmte Geschwaderkommodore des JG 54 Grünherz, zeichnete in seinem Tagebuch den folgenden Funkverkehr während des 32. Luftsiegs von Hubs Mütherich auf, den er an einem grauverhangenen Tag im August 1941 während eines Einsatzes über den Brücken von Luga errang.

»Zuerst ist da das unmißverständliche, breite Ostmärkisch von Leutnant Pöss zu hören: Entschuldigung, Entschuldigung, wo sind die Ratas? Dann folgte eine rauhe preußische Stimme: Nix Ratas, hinter uns sind die eigenen Jäger! Aber aus dem Mikrophon schallte es heraus: Vielen Dank für die eigenen Flugzeuge! Diese Kerle schießen auf mich! Kurz danach brüllte eine andere Stimme voller Aufregung: Also doch – es sind Russen! Ich kehre um! Hurrah, er brennt, er brennt! Sieg! Und sein Rottenflieger bestätigte: Er steigt aus. Gratuliere zum Luftsieg Nummer 32!«

Oberleutnant Mütherich fiel am 9. September 1941, als sich seine Messerschmitt Bf 109 nach einem Luftkampf mit sowjetischen Jägern bei einer Notlandung in der Nähe von Leningrad überschlug. Er hatte insgesamt 43 bestätigte Luftsiege errungen.

16. Messerschmitt Bf 109 E-7 trop

geflogen von Leutnant Werner Schroer, 2./JG 27, Ain-El-Gazala,
Libyen, 29. August 1941.

Mit diesem Flugzeug schoß Leutnant Werner Schroer am 29. August 1941 über Sidi Barrani in Ägypten eine Curtiss P-40 Tomahawk in Brand. Der Pilot dieser Tomahawk war der australische Pilot Officer Clive Caldwell von der 250 Squadron. Caldwell hatte gegen deutsche und italienische Flugzeuge 21 Luftsiege erzielt – mehr als jeder andere alliierte Pilot auf diesem Kriegsschauplatz – und bekam den Beinamen Killer, weil er feindliche Piloten beschoß und tötete, die am Fallschirm hingen. Bei dieser Gelegenheit konnte er von Glück reden, daß sein Gegner Schroer nicht dieselbe Kampfgewohnheit hatte.

Die von Werner Schroer erzielten Erfolge widerlegten die übliche Theorie, daß die deutschen Jagdflieger nur deshalb so große Erfolge erzielten, weil sie an mehr Einsätzen teilnahmen als ihre alliierten Gegner: Schroer flog 197 Kampfeinsätze und schoß dabei 114 Flugzeuge der RAF und der USAAF ab. Ein Vergleich kann mit Francis Gabreski, dem besten amerikanischen Jagdflieger-As auf dem europäischen Kriegsschauplatz gezogen werden, der 153 Einsätze flog und dabei 28 deutsche Flugzeuge abschoß.

Werner Schroer, der nach dem Krieg – wie Adolf Galland, Johannes Steinhoff und Erich Hartmann – zum inneren Zirkel der Jagdfliegerveteranen der Luftwaffe zählte, starb am 10. Februar 1985.

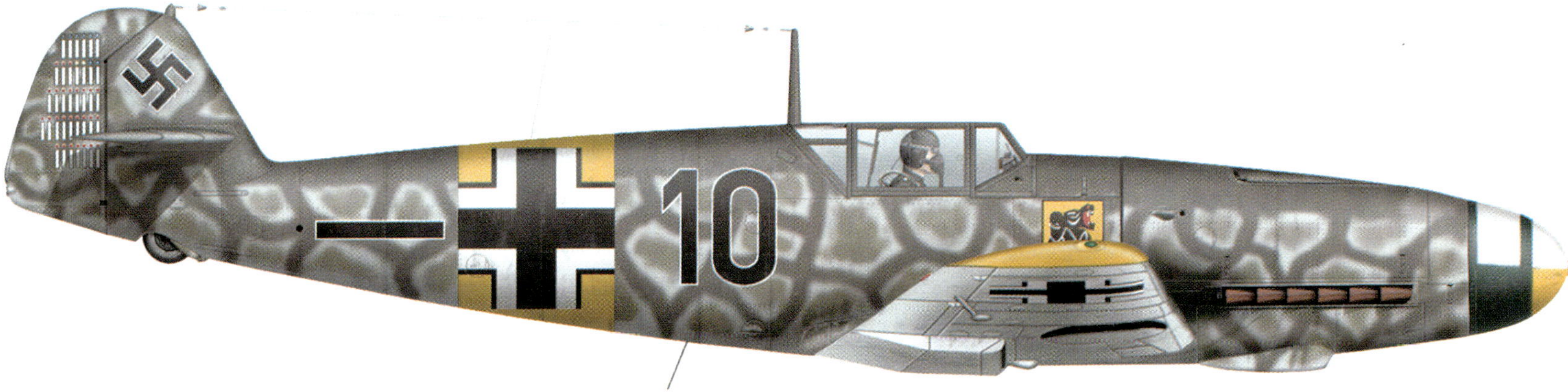
10

8

17. Focke-Wulf Fw 190 A-1

geflogen von Oberleutnant Walter Schneider, 6./JG 26, Moorsele, Belgien, September 1941.

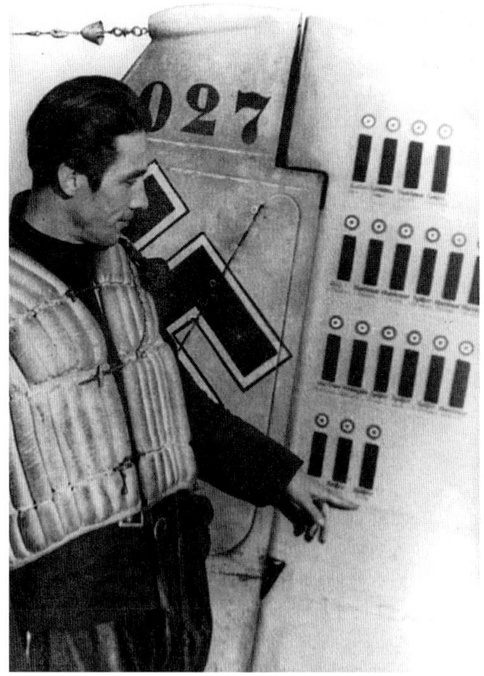

Ein wichtiger Grund für die schweren Verluste, die die Briten 1941 und 1942 über dem Kanal hinnehmen mußten, war das neue deutsche Jagdflugzeug Focke-Wulf Fw 190. Zu dieser Zeit gab es unter den Piloten des RAF Fighter Command einen regelrechten Fw 190 Komplex. Ende Juli 1941 war die 6./JG 26 von Oberleutnant Jap Schneider die erste Luftwaffeneinheit, die mit diesem neuen Jagdflugzeug ausgerüstet wurde. Am 1. September 1941 war bereits die ganze II./JG 26 mit der Fw 190 ausgerüstet und einsatzfähig.

Aber wie jedes neue Flugzeug hatte auch die Fw 190 ihre Kinderkrankheiten. In diesem Fall war es ein ernsthaftes Problem mit der Überhitzung der Triebwerke. Dies war der Grund für den Verlust von drei der erfahrensten Piloten der 6./JG 26 zwischen dem 19. und 29. August.

Am 18. September 1941 fiel der Führer der II./JG 26, Hauptmann Walter Adolph, als er über dem Kanal sieben Fw 190 in einen Luftkampf mit britischen Jägern führte. Kurz vor Weihnachten desselben Jahres gab es beim JG 26 einen weiteren Rückschlag, als Schneider und vier seiner Piloten bei dichtem Nebel während eines Überführungsfluges in bergigem Gelände tödlich abstürzten.

Oberleutnant Walter Schneider, der zum Zeitpunkt seines Todes einer der aufsteigenden Sterne im Schlagetergeschwader war, hatte 20 bestätigte Luftsiege errungen.

18. Messerschmitt Bf 109 F-2

geflogen von Leutnant Max-Hellmuth Ostermann, 7./JG 54, Krasnogvardeisk, Rußland, Oktober 1941.

Seine fliegerische Laufbahn startete Max-Hellmuth Ostermann als Zerstörer-Pilot bei der I./ZG 1. Im Frühjahr 1940 wurde er zur Jagdwaffe versetzt und der 7./JG 54 zugeteilt. Am 20. Mai 1940 erzielte er seinen ersten Luftsieg. Ein Jahr später trug das Ruder seiner Messerschmitt Bf 109 bereits neun Abschußbalken, einen dieser Luftsiege errang er gegen eine jugoslawische Bf 109 E, die er über Belgrad abschoß.

Während der Luftkämpfe mit den sowjetischen Luftstreitkräften an der Front von Leningrad entwickelte sich Ostermann zu einem der herausragendsten Jagdflieger-Asse der Luftwaffe. Wenn sie von erfahrenen Piloten geflogen wurden, waren die extrem wendigen sowjetischen Jäger I-15 und I-16 im Luftkampf sehr gefährlich. Die gängige Taktik der deutschen Jagdflieger bestand in einem schnellen Angriff von oben, um die überlegene Geschwindigkeit der Messerschmitt Bf 109 auszuspielen. Aber Ostermann hatte Erfolg mit einer Taktik, die nur sehr wenige deutsche Piloten anzuwenden wagten: Er nahm den direkten Luftkampf mit den russischen Piloten an und kurvte sie aus. Bis zum Frühjahr 1942 hatte er bereits 40 sowjetische Jäger abgeschossen, und am 12. Mai 1942 wurder er der siebte Pilot des Zweiten Weltkriegs, der mehr als 100 Abschüsse erzielte. Am 9. August 1942 traf Ostermann – inzwischen zum Oberleutnant befördert und Führer der 7./JG 54 – sein Schicksal bei einem Kurvenkampf mit sowjetischen Jägern in der Nähe von Amossovo. Er starb im Cockpit seiner brennenden Messerschmitt Bf 109 im Alter von 24 Jahren.

027
1

2

19. Messerschmitt Bf 109 F-2
geflogen von Oberstleutnant Günther Lützow, Stab/JG 3, Malojaroslavez, Rußland, Oktober 1941.

»Lützow, ich lasse Sie erschießen!« – diese Worte schleuderte Hermann Göring Günther Lützow ins Gesicht, als er herausfand, daß dieses talentierte, führungsstarke Jäger-As gegen Ende des Krieges zum inneren Kreis der sogenannten »Jagdflieger-Verschwörung« gehörte. Dieser konspirative Zirkel war nicht anti-nazistisch gefärbt, sondern ganz einfach frustriert von der inkompetenten Führung der Luftwaffe, personifiziert vom Reichmarschall selbst. Das Ergebnis war eine fruchtlose Konfrontation mit Göring und seinen Getreuen.

»Franzl« Lützow war eine der bemerkenswertesten Persönlichkeiten der Luftwaffe, obwohl er aus einer Marineoffiziersfamilie stammte. Seine Karriere als Jagdflieger startete er auf der Seite der Faschisten im Spanischen Bürgerkrieg, und seinen 100. Luftsieg errang er als zweiter Pilot des Zweiten Weltkriegs am 24. Oktober 1941 als Geschwaderkommodore des JG 3 an der Ostfront.

Der Exekution entkam er 1945 zwar, aber er wurde abkommandiert zum JV 44, der »Staffel der Ausgestossenen«. Aber das rettete ihm nicht das Leben, denn am 24. April 1945 kehrte Franzl Lützow von einem Einsatz mit der Me 262 nicht mehr zurück.

Anmerkung: Am 16. September 1941 wurde Major Friedrich Beckh, Geschwaderkommodore des JG 51, schwer verwundet. In seiner Abwesenheit wurde Lützow zum Kommandeur des JG 51 ernannt, und gleichzeitig führte er sein JG 3. Das Emblem des JG 51, wie es im Oktober 1941 von Lützow an seiner Bf 109 F-2 benutzt wurde, ist in diesem Profil dargestellt.

20. Messerschmitt Bf 109 F-6/U
geflogen von Oberstleutnant Adolf Galland, Stab/JG 26, Audembert, Frankreich, 18. November 1941.

Am 21. Juni 1941 gerieten die RAF und die Messerschmitt Bf 109 von Adolf Gallands JG 26 in einen der heftigsten Luftkämpfe seit dem Herbst 1940. Zwei der größten Asse beider Seiten waren darin verwickelt: der britische Jagdflieger Robert Stanford-Tuck und der Deutsche Adolf Galland. Beide hatten ihre Rottenflieger bereits durch Abschuß verloren, beide hatten je zwei feindliche Flugzeuge abgeschossen, beide wurden selbst abgeschossen – und überlebten! Was aber noch bemerkenswerter war – Galland und Stanford-Tuck trafen ein halbes Jahr später wieder aufeinander. Diesmal wurde das britische As als Kriegsgefangener in die Offiziersmesse des Schlagetergeschwaders gebracht, nachdem er von der deutschen Flak heruntergeholt worden war. Als Galland und Tuck ihre Erfahrungen austauschten, kamen sie auch auf den schicksalhaften Tag im Juni 1941 zu sprechen und fanden heraus, daß sie gegenseitig ihre Rottenflieger abgeschossen hatten. »Das macht uns – wie sagen Sie in Englisch? – zu even Stevens«, sagte Galland zu seinem Gast.

Nach dem Krieg schlossen Galland und Tuck eine lange Jahre dauernde Freundschaft. In Gallands Haus in Oberwinter bei Bonn hing an der Bar eine Plakette mit der Beschriftung: »Tuck und Galland, 30 Jahre nach dem Krieg«, und die Inschrift lautete: »Es ist besser, sich hier zu treffen als über dem Kanal im Jahr 1941«.

100

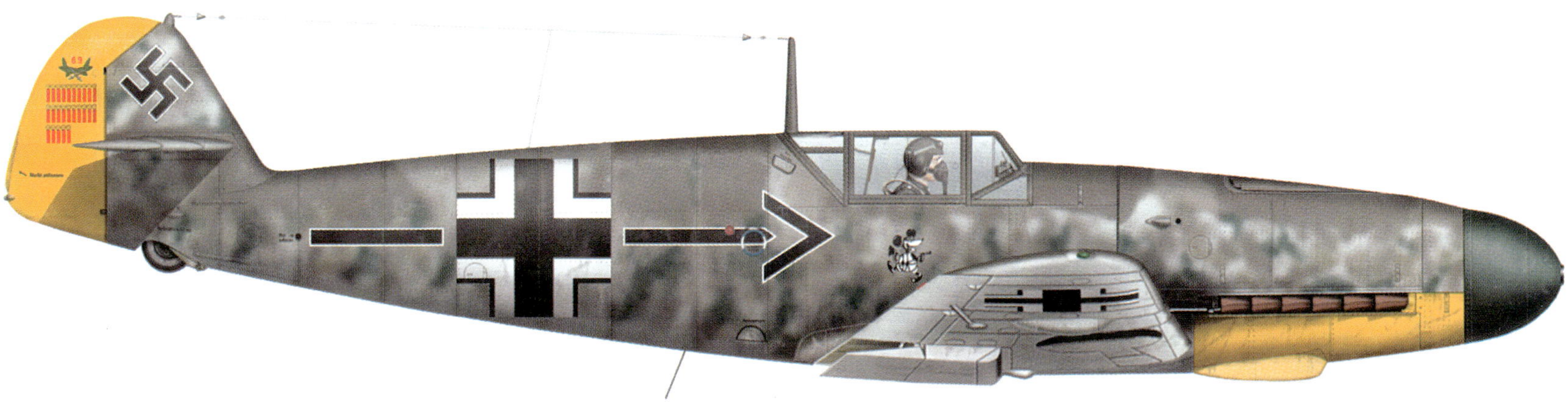

21. Messerschmitt Bf 109 F-4
geflogen von Hans »Assi« Hahn, Stab III./JG 2, Caen, Frankreich, 19. November 1941.

»Assi« Hahn war ein Clown, der zum Piloten wurde. Es gibt viele amüsante Geschichten – wahr oder erfunden – über diese farbige Persönlichkeit. Wer ihn nicht kannte und ihn wie einen Clown erlebte, konnte sich kaum vorstellen, daß er einer der fähigsten Piloten der deutschen Jagdwaffe war. Aber Hahn hatte tatsächlich eine doppelte Natur. Im Luftkampf wurde er zu einer schrecklichen Todesmaschine, fernab von jedem Witz.

In seinem ersten Luftkampf am 14. Mai 1940 schoß er zwei britische Hurricanes ab, und während der nächsten 15 Monate erzielte er weitere 40 Luftsiege. Am 24. September 1940 schoß er seinen 30. Gegner ab, und am 1. Juli 1941 war der 40. fällig. Auch wenn er alles andere als ein »preußischer Offizier« war, wurde »Assi« zum Führer der III./JG 2 befördert und war damit für die Verteidigung von Paris verantwortlich. Dies zu einer Zeit, als der größte Teil der Luftwaffe an die Ostfront verlegt wurde.

22. Focke-Wulf Fw 190 A-1
geflogen von Leutnant Horst Sternberg, 5./JG 26, Wevelghem, Belgien, 25. November 1941.

Am 22. Februar 1944 setzte die amerikanische 8th Air Force 800 schwere Bomber, begleitet von 700 Jagdflugzeugen, ein, um die deutsche Flugzeugindustrie anzugreifen. Das war mitten in der sogenannten »Big Week«, als die deutsche Flugzeugproduktion ausgeschaltet werden sollte. Dieses Ziel wurde aber bei weitem nicht erreicht, denn in Wirklichkeit wurde die Produktion trotz aller Anstrengungen der Big Week sogar noch gesteigert. Aber die Luftwaffe wurde während der Big Week wegen der verlustreichen Luftkämpfe erheblich geschwächt. In dieser einen Woche haben die in England stationierten amerikanischen Jagdflieger nicht weniger als 217 deutsche Jäger zerstört, allein am 22. Februar waren es 59. Die deutschen Verluste in der gesamten Heimatverteidigung beliefen sich in derselben Zeitspanne auf 250 Flugzeuge, davon 53 am 22. Februar.

Einer der vielen deutschen Jagdflieger, die diesen Tag nicht überleben sollten, war Hauptmann Horst Sternberg, der Kommandeur der 6./JG 26 (vorher 5./JG 26). Er war einer der Focke-Wulf-Piloten, die der RAF in den Jahren 1941 und 1942 sehr hohe Verluste beigebracht hatten. Er hatte insgesamt 23 Abschüsse auf seinem Konto, bis er an einem trostlosen Wintertag seinen Bezwinger fand. Als er einen schon angeschlagenen B-17-Bomber angriff, wurde er von Major George Carpenter, Kommandeur des 335th Fighter Squadron der U.S. 4th Fighter Group, abgeschossen.

13

23. Messerschmitt Bf 109 F-2 trop

geflogen von Oberfeldwebel Albert Espenlaub, 1./JG 27, Martuba, Libyen, 13. Dezember 1941.

Die Verlegung der ersten deutschen Jägereinheit, der I./JG 27, an die nordafrikanische Front bedeutete eine totale Veränderung der Situation auf diesem Kriegsschauplatz. Die Messerschmitt Bf 109 des JG 27 flogen ihre ersten Einsätze über Nordafrika im April 1941, und während der nächsten zehn Monate schossen sie dort mehr als 300 feindliche Flugzeuge ab, während sich die eigenen Verluste auf nur rund 40 Flugzeuge beliefen.

Einer der frühen »Experten« unter Rommels Jagdfliegern war Oberfeldwebel Albert Espenlaub, der 14 bestätigte Luftsiege erringen konnte.

Am Morgen des 13. Dezember 1941 setzten die Kommandeure der 94 und 260 Squadron der RAF, die Staffelführer Beresford und Walker, mit ihren Hurricanes der Karriere dieses talentierten jungen Deutschen ein Ende, als sie ihn in seiner brandneuen Bf 109 F-2 trop gemeinsam abschossen. Espenlaub mußte in der Nähe von El Adem notlanden und wurde von den vorrückenden britischen Truppen gefangengenommen. Später wurde er nach britischen Berichten bei einem Fluchtversuch erschossen. Am nächsten Tag verlor die I./JG 27 einen weiteren ihrer qualifizierten Piloten, als Oberfeldwebel Förster nach 13 Luftsiegen den Tod fand – möglichweise am Fallschirm hängend abgeschossen durch einen Piloten der 112 »Shark« Squadron.

24. Messerschmitt Bf 109 F-2

geflogen von Major Hannes Trautloft, Stab/JG 54, Siverskaya, Rußland, Februar 1942.

Als Geschwaderkommodore des JG 54 »Grünherz« war Hannes Trautloft für den Schutz der Heeresgruppe Nord verantwortlich, die im Rahmen der Operation »Barbarossa« nach Leningrad vorstieß. Am ersten Tag des Krieges mit der Sowjetunion hat Trautlofts Geschwader 45 russische Flugzeuge abgeschossen. Aber trotz dieser eindrucksvollen Luftsiege waren die Piloten des JG 54 einfach zu wenige, um den vorrückenden Armeespitzen einen ausreichenden Schutz bieten zu können. Als Folge davon wurde Leningrad vor der deutschen Besetzung verschont.

Während des darauffolgenden Winters hatte Trautlofts Einheit mehr Erfolg, als sie vom großen Stützpunkt Siverskaya aus zum Begleitschutz deutscher Transportflugzeuge eingesetzt wurde, die die bei Demyansk und Volkhov eingekesselten Heeresverbände mit Nachschub versorgten. Im Januar und Februar 1942 schossen die Piloten des JG 54 dabei 99 russische Flugzeuge ab und verloren nur zwei eigene.

1943 machte Adolf Galland seinen Freund Trautloft zum Inspekteur der Jagdflieger an der Ostfront. Hannes Trautloft war für seine Anti-Nazihaltung bekannt, und er lehnte es ab, den Namen Adolf Hitlers auch nur in den Mund zu nehmen. Seine Freunde mit dem Vornamen »Adolf« nannte er »Adam« – auch den General der Jagdflieger – »Adam« Galland!

Am Kriegsende hatte Trautloft 57 Abschüsse, einschließlich vier in Spanien. Nach dem Zweiten Weltkrieg ging er zur Bundesluftwaffe und wurde später deren Inspekteur.

11

25. Messerschmitt Bf 109 F-4 trop

geflogen von Oberfeldwebel Otto Schulz, 4./JG 27, Martuba, Libyen, 15. Februar 1942.

Einer der erfolgreichsten britischen Piloten, die 1940 über Nordafrika die italienische Regia Aeronautica bekämpften, war der bärtige »Imshi« Mason. In seiner Hurricane erzielte er während der Winteroffensive 1940/41 viele Luftsiege über die italienischen Jagd-Doppeldecker und Bomber. Ende Januar war er für seine 13 Luftsiege mit dem Distinguished Flying Cross ausgezeichnet worden. Seine Luftkämpfe mit den Deutschen verliefen für »Imshi« Mason aber nicht so erfolgreich. Im April 1941 traf »Imshi« über Malta auf die Messerschmitt Bf 109 von Joachim Münchebergs 7./JG 26 und wurde von Oberleutnant Klaus Mietusch abgeschossen und verwundet.

Nachdem er sich von seinen Verwundungen erholt hatte, kehrte »Imshi« Mason Anfang Februar 1942 als Führer des mit den neuen Curtiss P-40E Kittyhawk ausgerüsteten 94 Squadron nach Afrika zurück.

Bei seinem ersten Einsatz am 15. Februar 1942 führte »Imshi« Mason 15 Kittyhawks zum Angriff auf den deutschen Jägerstützpunkt Martuba in Libyen. Eine Messerschmitt Bf 109 startete und griff 20 Kittyhawks an. Innerhalb weniger Minuten waren fünf englische Piloten abgeschossen: Squadron Leader Imshi Mason, Sergeant Weightman, Sergeant Belcher, Pilot Officer Marshall und Sergeant McQueen. Trotz schwerer Verletzungen konnte McQueen noch eine Notlandung machen.

»Imshi« Mason, mit 17 Abschüssen eines der größten Asse der RAF im Zweiten Weltkrieg, wurde getötet. Sein Bezwinger war der 31 Jahre alte Otto Schulz, den seine Freunde »Eins-zwei-drei-Otto« nannten, weil er es schaffte, mehrere britische Flugzeuge hintereinander abzuschießen.

Otto Schulz, einer der Piloten der 4./JG 27, gehörte neben »Jochen« Marseille zu den erfolgreichsten deutschen Piloten dieser Zeit in Nordafrika. Innerhalb weniger Monate hatte er 42 Abschüsse erzielt. Aber dieser hervorragende Jagdflieger sollte am 17. Juni 1942 von einem Einsatz über Sidi Rezegh nicht mehr zurückkehren. Insgesamt hatte er 51 bestätigte Luftsiege errungen.

26. Messerschmitt Bf 109 F-4 trop

geflogen von Hans-Joachim Marseille, 3./JG 27, Martuba, Libyen, 21. Februar 1942.

Der undisziplinierte Berliner »Jochen Marseille«, ein erklärter Nazi-Gegner, bereitete allen seinen Vorgesetzten ständig Anlaß zu Ärger – vom Gruppenkommandeur in Afrika bis zu den höchsten Rängen in Berlin. Aber nach den Worten von Galland war er »ein unvergleichlicher Virtuose unter den Jagdfliegern« und vielleicht sogar der fähigste Jagdflieger des Zweiten Weltkriegs. Die Angriffe des jungen Marseille gegen die britischen Jäger-Formationen über der libyschen Wüste in den Jahren 1941 und 1942 wurden legendär. Ludwig Franzisket, mit 24 Abschüssen einer der talentiertesten Jagdflieger auf diesem Kriegsschauplatz, sagte: »Als ich 'Jochen' bei einem Angriff auf britische Flugzeuge beobachtete, war ich so gebannt, daß ich selbst zu schießen vergaß.« Immer und immer wieder schoß Marseille zwei, drei oder vier britische Flugzeuge hintereinander ab. Am 3. Juni 1942 schoß er sechs britische Flugzeuge ab und am 17. Juni waren es innerhalb von sieben Minuten sogar sechs weitere.

Anmerkung: Das Foto und das Profil beziehen sich auf den 21. Februar 1942, als Marseille und Otto Schulz von Feldmarschall Albert Kesselring mit dem Ritterkreuz ausgezeichnet wurden.

2

14

27. Messerschmitt Bf 109 F-4

geflogen von Oberleutnant Siegfried Schnell, 9./JG 2,
Théville, Frankreich, 30. April 1942.

Im Sommer 1942 war das RAF Fighter Command in höchster Bedrängnis. Der Höhepunkt der Krise wurde am 19. August 1942 während der Eroberung von Dieppe erreicht. Die RAF flog 2617 Einsätze und verlor dabei 106 Flugzeuge, einschließlich 88 Spitfires. Das JG 2 »Richthofen« und das JG 26 »Schlageter«, die für die Sicherung des Luftraums verantwortlich waren, verloren zwölf Fw 190 und zwei Bf 109 G. Die beiden deutschen Jägereinheiten erzielten 44 Luftsiege. Allein die beiden Piloten der 9./JG 2, Oberleutnant Schnell und Leutnant Wurmheller, haben zwölf britische Flugzeuge abgeschossen.

»Wumm« Schnell, der Führer der 9. Staffel in »Assi« Hahns III./JG 2 war einer der besten Jagdflieger an der Kanalfront. Nach 18 Luftsiegen in der Schlacht um England wurde er vom Oberfeldwebel zum Leutnant befördert. Bei einem massiven Angriff der Jagdbomber gegen Südengland am 7. November 1940 erzielte er seinen 20. Luftsieg. Am 8. Juli 1941 schoß er drei Flugzeuge ab, damit erreichte er seinen 40. Luftsieg und wurde mit dem Ritterkreuz ausgezeichnet. Vier weitere Luftsiege erzielte er am 3. Juni 1942 und damit hatte er insgesamt 61 Abschüsse.

28. Messerschmitt Bf 109 F-4 trop

geflogen von Oberfeldwebel Eberhard von Boremski, 9./JG 3,
Deutschland, 3. Mai 1942.

Eberhard von Boremski gehörte zu den erfolgreichsten Soldaten der Ostfront. Die 74 Luftsiege, die er noch als Unteroffizier erzielte, sind besonders bemerkenswert, weil in der hierarchisch geprägten Luftwaffe die Schußgelegenheiten meistens den Offizieren vorbehalten waren.

Zu Beginn des Krieges war von Boremski Unteroffizier beim JG 77, wurde aber bald zur III./JG 3 versetzt. Am 29. Mai 1940 schoß diese Gruppe in einem Luftkampf über Dünkirchen ohne eigene Verluste fünf Spitfire ab. An diesem Tag erzielte auch von Boremski seinen ersten Luftsieg. Am ersten Tag des Angriffs gegen Rußland schoß er vier seiner ersten russischen Flugzeuge ab. Zehn Monate später hatte er schon 45 Luftsiege, davon 19 innerhalb von sieben Wochen.

Nach einer kurzen Zeit der Erholung in der Heimat kehrte von Boremski wieder an die russische Front zurück. Im Juli 1942 hatte er schon 74 Luftsiege. Die 7./JG 3 stand nun unter seiner Führung und gehörte zu den Jägereinheiten, die für die Sicherung des Luftraums über Stalingrad verantwortlich waren. Immer wieder mußten sie ihre Angriffe aus dem einkesselten Gebiet um Stalingrad heraus fliegen.

Nach Stalingrad wurde von Boremski zum Hauptmann befördert und hatte nun schon 90 Luftsiege in Rußland erzielt. Er wurde nun aus dem Fronteinsatz zurückgezogen und wurde Jagdlehrer für rumänische Piloten.

Hauptmann von Boremski verbrachte viele Jahre in russischer Gefangenschaft. Am 16. Dezember 1963 kam er bei einem Unfall in Hamburg ums Leben.

29. Focke-Wulf Fw 190 A-2

geflogen von Oberleutnant Kurt Goltzsch, 7./JG 2, Théville, Frankreich, Mai 1942.

Der Luftkrieg über dem Kanal war im Frühjahr und Sommer 1942 gekennzeichnet von Terrorangriffen deutscher Jagdbomber auf zivile Ziele in England und von Bomberangriffen der RAF auf Ziele in den besetzten Gebieten, wie zum Beispiel Hafenanlagen, Flugplätze und Nachrichtenverbindungen. Die Luftwaffeneinheiten hatten bei den Luftkämpfen ganz eindeutig die Oberhand. »Die Piloten in den Fw 190 waren voller Selbstvertrauen«, bemerkte das RAF-As »Al« Deere lakonisch in seiner Biographie »Nine Lives«. Oberleutnant Kurt Goltzsch von der 7./JG 2 war in dieser Zeit einer der vielversprechendsten deutschen Jagdflieger. Alles in allem hat er an 130 Einsätzen teilgenommen und dabei 43 feindliche Flugzeuge abgeschossen.

Nach kurzen Einsätzen in Tunesien, wo er die 5./JG 2 führte und 14 alliierte Flugzeuge abschoß, kehrte Goltzsch im März 1943 an die Kanalfront zurück. Im November 1943 wurde er in einem Luftkampf mit Spitfires verwundet. Er konnte an der französischen Küste eine Bauchlandung machen, verletzte dabei aber sein Rückgrat und wurde gelähmt. Im Lazarett wurde er im Februar 1944 mit dem Ritterkreuz ausgezeichnet, aber das war natürlich nur ein schwacher Trost. Goltzsch starb am 26. Februar 1944 an seinen Verletzungen.

Anmerkung: Es ist nicht hundertprozentig sicher, ob das dargestellte Flugzeug von Goltzsch geflogen wurde.

30. Focke-Wulf Fw 190 A-2

geflogen von Hauptmann Hans »Assi« Hahn, Stab III./JG 2, Théville, Frankreich, Mai 1942.

Im Frühsommer 1941 hatte der größte Teil der Luftwaffeneinheiten die Kanalzone verlassen und wurde für Hitlers Krieg gegen Rußland neu organisiert. Damit veränderte sich die Lage über dem Kanal.

Nun war die RAF der Angreifer, und große Bombergruppen, geschützt von vielen Spitfires attackierten deutsche Luftstützpunkte in Frankreich und Belgien. Dies war die Wende in der »Schlacht um England«. Aber der ziemlich kleine deutsche Jagdschutz war durch die Freya- und Würzburg-Radarsysteme gut informiert und fügte der RAF schmerzliche Verluste zu. Während der Jahre 1941 und 1942 erzielten die deutschen Jagdflieger an der Westfront 1900 Luftsiege und verloren dabei nur 445 eigene Flugzeuge.

Im Sommer 1942 geriet »Assi« Hahn mit seiner Focke-Wulf Fw 190 über dem Kanal in einen Luftkampf und erzielte dabei seinen 60. Abschuß. Im Spätsommer und Herbst desselben Jahres mußte er sich zum ersten Mal mit dem neuen amerikanischen Bomber B-17 Flying Fortress auseinandersetzen. Aber »Assi« Hahn lernte sehr schnell und schoß vier davon ab.

Am 1. November 1942 wurde Hahn die Führung der II./JG 54 übertragen, die in der Nähe von Leningrad an der russischen Front lag. Innerhalb von drei Monaten hatte er weitere 40 russische Flugzeuge abgeschossen. Am 21. Februar 1943 wurde er hinter den russischen Linien zur Landung gezwungen und geriet in Gefangenschaft. Wer »Assi« nach dem Krieg getroffen hat, kann bestätigen, daß die sieben Jahre sibirischer Gefangenschaft seinen großen Lebensmut nicht gebrochen hatten. Hahn lebte in der idyllischen Stadt Goslar und starb am 18. Dezember 1982.

333
8

223

31. Focke-Wulf Fw 190 A-2

geflogen von Hauptmann Josef »Pips« Priller, Stab III./JG 26, Wevelghem, Belgien, 22. Juni 1942.

Am Mittag des 1. Juni 1942 versuchten Hurricane IIB-Jagdbomber der 174 Squadron der RAF die Kanalschleusen bei Bruges in Belgien anzugreifen. Für den Jagdschutz sorgten 165 Spitfire von vier Fighter Wings.

Die Deutschen alarmierten die III./JG 26 unter dem Kommando von Hauptmann Josef Priller und die I./JG 26, geführt von Hauptmann Johannes Seifert, beide Einheiten waren ausgerüstet mit Fw 190. Aus 9000 Metern Höhe griffen die deutschen Jäger die Formation von Wing Commander Gordon Debden an, und der Luftkampf entwickelte sich zu einem Massaker unter den Spitfires. Eine Spitfire nach der anderen wurde von den Fw 190 in Brand geschossen. Die Pilot Officers Teicheira, Laumans und Richards, die Sergeanten Livyns, Hansez, Parrack, Bryson und Cummings und sogar Wing Commander Gordon wurden abgeschossen, während fünf weitere Spitfire den Weg nach England zurück nur mit großen Schäden schafften.

Auf der anderen Seite des Kanals konnten Priller und Seifert mit Befriedigung feststellen, daß keine Fw 190 einen nennenswerten Schaden erlitten hatte!

32. Focke- Wulf Fw 190 A-4

geflogen von Oberleutnant Siegfried Schnell, 9./JG 2, Théville, Frankreich, August 1942.

Diese Focke-Wulf Fw 190 zerstörte am 19. August 1942 mit »Wumm« Schnell am Steuer über der Küste von Dieppe fünf Flugzeuge der RAF. Dabei erzielte dieser junge Oberleutnant seinen 70. Abschuß. Wie sein Freund und Gruppenkommandeur »Assi« Hahn wurde auch »Wumm« Schnell an der Ostfront von seinem Schicksal ereilt. Ganz anders als die Propaganda des Kalten Krieges glauben machen wollte, hatte es in den Luftstreitkräften der Sowjetunion eine ganze Reihe von fähigen und sehr gefährlichen Jagdflieger-Assen gegeben.

Als Schnell im Februar 1944 an der Front von Leningrad eintraf, um dort das Kommando der IV./JG 54 zu übernehmen, gehörten zu den Gegnern auf der anderen Seite solche Männer wie Major Pokryshev mit seinen 38 Luftsiegen (plus acht geteilte Abschüsse) und Captain Likholetov (25+5) vom 159. Jägerregiment, aber auch Chirkov (29+9) und Zelenov (24+10) vom 29. Garde-Jägerregiment. Major Siegfried Schnell wurde am 25. Februar 1944 über Narva von einem sowjetischen Jäger abgeschossen und getötet, möglicherweise von einem der oben genannten Piloten. Seine Siegesserie endete mit insgesamt 93 Abschüssen.

WNr. 310

746
4

33. Messerschmitt Bf 109 G-2

geflogen von Oberleutnant Günther Rall, 8./JG 52,
Kaukasus, Sowjetunion, 3. September 1942.

Obwohl die deutschen Piloten bei der Invasion der Sowjetunion eindrucksvolle Erfolge erzielt hatten, forderte der Widerstand der Roten Luftstreitkräfte von den Angreifern einen tödlichen Zoll. Nicht weniger als 2000 deutsche Flugzeuge waren innerhalb von wenigen Monaten verloren. Die Unterschätzung der sowjetischen Gegner hatte sich als gefährlicher Fehler erwiesen.

Zu denjenigen, die für diese Erfahrung bitter bezahlen mußten, gehörte auch Günther Rall. Am Abend des 28. November 1941 flog Rall über Rostov Jagdschutz für die deutschen Bodentruppen, die sich dem ersten heftigen Gegenangriff der sowjetischen Winteroffensive ausgesetzt sahen. Rall hatte gerade seinen 36. Luftsieg errungen und beobachtete das brennende feindliche Flugzeug, als er plötzlich von einem zweiten sowjetischen Jäger angegriffen wurde. Wenige Minuten später war Rall am Boden, seine Messerschmitt Bf 109 hatte Bruch gemacht, und seine Wirbelsäule war dreimal gebrochen. Für längere Zeit blieb er gelähmt, und der Arzt prophezeite ihn: »Sie werden nie mehr fliegen können«.

Neun Monate später saß Rall aber wieder im Cockpit einer Messerschmitt Bf 109! Die hier abgebildete Bf 109 G-2 flog er über dem Kaukasus und schoß innerhalb von nur drei Monaten 60 sowjetische Flugzeuge ab. Er überlebte den Krieg mit 275 bestätigten Luftsiegen und war damit der dritt-erfolgreichste Jagdflieger aller Zeiten. Er ging zur Nachkriegs-Luftwaffe und stieg bis zum Inspekteur der Luftwaffe auf.

34. Messerschmitt Bf 109 F-4 trop

geflogen von Hans-Joachim Marseille, 3./JG 27, Quotaifiya;
Ägypten, 15. September 1942.

Um die Umstände des Todes von »Jochen« Marseille ranken sich wie im Fall von Werner Mölders (siehe Profil Nr. 12) viele Spekulationen. Marseilles Eigensinn und mangelnde Disziplin sind bekannt. Nach seinem 100. Luftsieg am 17. Juni 1942 schien er einen fünfwöchigen Heimaturlaub anzutreten.

Nach unbestätigten Quellen – die dennoch als Vorlage für einen Spielfilm dienten – hat Marseille angeblich versucht, sich in Italien abzusetzen, nachdem er Einzelheiten über die »Endlösung« der Judenvernichtung erfahren hatte. Nach dieser Version wurde er von der Gestapo verhaftet und vor die Wahl gestellt, entweder seine Rolle als Held der Luftwaffe weiterzuspielen oder samt seiner Familie erschossen zu werden. Bekannt ist, daß er nicht vor Ende August zu seiner Einheit in Afrika zurückkehrte, was offiziell damit erklärt wurde, daß er in Italien mit einer Frau verschwunden gewesen sei.

Im folgenden Monat hat Marseille alles getan, um seiner Rolle als Held Nummer 1 gerecht zu werden und schoß allein am 1. September 1942 17 britische Jäger ab. Während des ganzen Monats September schoß er die unglaubliche Zahl von 57 britischen Flugzeugen ab. Am 30. September 1942 traten während eines Routinefluges Probleme am Motor seiner Messerschmitt BF 109 G-2 auf. Marseille stieg aus, wurde aber vom Leitwerk seines Flugzeugs getroffen, und so endete das Leben dieses erstaunlichen Jagdfliegers.

13

14
100

35. Messerschmitt Bf 109 G-2
geflogen von Leutnant Graf Punski Krupinski, 6./JG 52,
Rußland, Oktober 1942.

Walter Krupinski kam während der Schlacht um England als Oberfähnrich mit 18 Jahren zur 6./JG 52. Wegen seiner schlanken Gestalt und seines ziemlich zarten Charakters bekam er den Spitznamen »Graf Punski«. Sein Kommandeur Johannes Steinhoff war drauf und dran, diesen offensichtlich untalentierten Jagdflieger zu einer Aufklärungseinheit zu versetzen, als Graf Punski plötzlich seine schwache Selbsteinschätzung überwinden konnte.

Zwischen August und Dezember 1942 errang er während der Schlacht um Stalingrad 66 Luftsiege. Während der großen Luftschlacht an der Ostfront am 5. Juli 1943, als die Luftwaffe einen heftigen sowjetischen Angriff auf deutsche Flugplätze abwehren mußte, erzielte »Graf Punski« nicht weniger als elf Luftsiege (Nr. 80 bis 90). Aber er wurde auch selbst abgeschossen und verwundet. Am 1. Oktober hatte er bereits insgesamt 150 Abschüsse erzielt. Am 1. Mai 1944 wurde er zum Gruppenkommandeur als Nachfolger seines früheren Kommandeurs der III./JG 52, Günther Rall, befördert, der Kommandeur der II./JG 11 wurde. »Graf Punskis« letzter großer Tag war der 1. Juli 1944, als er über der Normandie innerhalb von drei Minuten drei P-47 Thunderbolt abschoß.

Im April 1945 holte ihn Steinhoff aus dem Jagdfliegerheim, wo er sich nach einem Nervenzusammenbruch wegen völliger Erschöpfung erholt hatte. Die letzten Tage des Krieges diente er bei der »Staffel der Ausgestossenen«, dem JV 44, ausgerüstet mit der Messerschmitt Me 262. Walter Krupinski überlebte den Krieg als Hauptmann mit 197 bestätigten Luftsiegen.

36. Messerschmitt Bf 109 G-4 trop
geflogen von Oberleutnant Franz Schiess, 8./JG 53,
Sizilien, Italien, Februar 1943.

»Nawratil« Schiess gehörte im Luftkrieg über Tunesien und Sizilien des Jahres 1943 zu den aggressivsten Jagdfliegern. Am 4. Dezember 1942 hatte er an der Vernichtung einer Formation von zwölf Bisley-Bombern der RAF teilgenommen. Im Februar 1943 wurde er Staffelkapitän der 8./JG 53. Als alliierte Jäger am 5. April 1943 in Tunesien 24 Ju 52 am Boden und in der Luft zerstört hatten, schoß Oberleutnent Schiess eine Spitfire ab und erzielte dabei seinen 40. Luftsieg. Zu dieser Zeit schrieb Schieß in seinen Briefen an seine Familie immer noch von den »wundervollen Luftkämpfen«.

Auch nachdem seine Staffel wieder nach Sizilien zurückverlegt worden war, flog Schiess jeden Morgen zu tunesischen Flugplätzen, startete von dort zu Einsätzen und kehrte erst am Abend wieder nach Sizilien zurück. Anfang Mai 1943, als der Kampfgeist in der Luftwaffe auf diesem Kriegsschauplatz seinem Höhepunkt zutrieb, bemerkte Schiess, daß er beim Luftkampf »viel Spaß« habe.

Im Juli 1943 schickten ihn seine Vorgesetzten zur Erholung in die Heimat. Zurück an der Front – jetzt als Gruppenkommandeur der III./JG 53 – schoß Franz Schiess innerhalb von zwölf Tagen zwölf amerikanische Flugzeuge ab, seinen 67. und letzten Luftsieg errang er am 30. August mit dem Abschuß einer P-38. Am 2. September 1943 drängten zwei P-38 über dem Golf von Neapel Schiess' Rottenflieger ab und einige andere P-38 griffen Franz Schiess an – seitdem galt er als vermißt. Der Verlust dieses berühmten und inspirierenden Jagdfliegers war für die III./JG 53 ein harter Schlag.

5

1

37. Messerschmitt Bf 109 G-4

geflogen von Major Wolfgang Ewald, Stab III./JG 3,
Rußland, Februar 1943.

Wolfgang Ewald kämpfte im Spanischen Bürgerkrieg als Jagdflieger in der Legion Condor auf der Seite der Faschisten. Dabei erhielt er den Spitznamen »Pequeno« (Kleiner). Während dieser Zeit in Spanien erzielte er nur einen Abschuß, aber im Laufe des Zweiten Weltkriegs kam er dann auf weitere 77 Luftsiege.

Seit Beginn des Krieges diente er in der I./JG 52, zuerst als Staffelkapitän und dann bis Mai 1941 als Gruppenkommandeur. Ein Jahr später übernahm er an der Ostfront die Führung der III./JG 3. Die erste Zeit in dieser Verwendung war gekennzeichnet von Animositäten zwischen Ewald und seinem Adjutanten Leutnant Heinrich Graf von Einsiedel. Dieser Enkel des preussischen Kanzlers Otto von Bismarck hatte eine völlig andere Lebenseinstellung als der Nazi Ewald.

Als Oberleutnant von Einsiedel im August 1942 seinen 35. Luftsieg errungen hatte, wurde er hinter den feindlichen Linien südöstlich von Stalingrad zur Landung gezwungen. Von Einsiedel desertierte zu den Sowjets und wurde einer der Gründer des Nationalkomitees Freies Deutschland, einer kommunistischen Vereinigung von Kriegsgefangenen und deutschen Kommunisten im Exil. Wie es der Zufall wollte, geriet Ewald am Tage nach der Gründung dieser Orgnisation in sowjetische Kriegsgefangenschaft, nachdem er mit seiner BF 109 G-4 nordöstlich von Belgorod abgeschossen worden war. Diese Zeit der Gefangenschaft vertiefte die Animositäten zwischen Ewald und von Einsiedel noch weiter.

Anmerkung: Die im Profil dargestellte Bf 109 G-4 wurde regelmäßig von Ewald geflogen, obwohl sie zum Geschwaderstab des JG 3 gehörte.

38. Messerschmitt Bf 109 G-4 trop

geflogen von Oberleutnant Wolfgang Tonne, 3./JG 53,
Bizerta, Tunesien, 25. Februar 1943.

Als die I./JG 53 im November 1942 in Tunesien eintraf, hatte Oberleutnant Wolfgang Tonne als Staffelkapitän der 3. Staffel an der Front von Stalingrad gerade seinen 100. Luftsieg errungen. Damit konnte er auf eine ungewöhnliche Erfolgsserie zurückblicken: Zwischen dem 6. und 24. September stieg seine Abschußzahl von 54 und 101!

Über Tunesien konnte er gegen amerikanische und britische Flugzeuge diese Erfolge fortsetzen. Am 26. Dezember 1942 fiel mit einer P-38 das erste Flugzeug der Westalliierten den tödlichen Fähigkeiten dieses deutschen Jagdfliegers zum Opfer. Wolfgang Tonne spezialisierte sich bei den Auseinandersetzungen über Tunesien darauf, die neue und gefürchtete Spitfire Mk. IX zu jagen, und er konnte innerhalb kurzer Zeit zehn davon abschießen.

Wie man es so oft beobachten konnte, hatte auch der 25 Jahre alte Tonne seine Probleme, mit dem Propagandarummel um seine Erfolge fertig zu werden. Das alles stieg ihm zu Kopf, und er wurde immer leichtsinniger: Am 20. April 1943 stürzte er bei einem gewagten Manöver über dem eigenen Flugplatz tödlich ab, als er seinen 122. Luftsieg, den Abschuß einer Spitfire Mk. IX, feiern wollte.

7
87

39. Focke-Wulf Fw 190 A-5
9./JG 2, Théville, Frankreich, März 1943.

Es war eine Ironie, daß ausgerechnet die Piloten des JG 2, das den Namen Manfred von Richthofens trug, die ersten waren, die die vom »roten Baron« stammende Maxime vom klassischen Kurvenkampf Mann-gegen-Mann aufgeben mußten. Es waren nämlich die jungen Männer des JG 2 »Richthofen«, die sich als erste mit den amerikanischen viermotorigen Bombern auseinandersetzen mußten. Und so entstand auch bei dieser Einheit das Wort vom Viermotschreck, und nur durch hart erworbene Erfahrungen konnten erfolgreiche Taktiken gegen die B-17 Flying Fortress entwickelt werden. So erfand Gruppenkommandeur Hauptmann Egon Mayer die Taktik des frontalen Angriffs, die bei den Einheiten der Reichsverteidigung zum Standard wurde.

Im Frühjahr 1943 konnten die Piloten von Egon Mayers Gruppe ihren »Viermotschreck« schließlich überwinden, und nun bekamen es eher die Besatzungen der amerikanischen Bomber mit der Angst zu tun. Der Kommandierende General des 8th US AF Bomber Command, Ira Eaker, stellte fest, daß in der 306th Bombardment Group eine »mutlose und defätistische Einstellung« die Oberhand gewinne (Freeman, »Mighty Eighth War Diary«), und er sah sich dazu gezwungen, deren Kommandeur zu ersetzen. Dies war zumindest teilweise die Folge des Widerstands durch die Focke-Wulf-Piloten der III./JG 2.

40. Messerschmitt Bf 109 G-2
geflogen von Oberleutnant Heinrich Ehrler, 6./JG 5,
Petsamo, Finnland, 27. März 1943.

Heinrich Ehrler gehörte zu den ehrgeizigsten Piloten des JG 5 an der Nordfront. Aber schließlich sollte ihm sein Erfolgseifer zum Schicksal werden. Am 12. November 1944 wurde dem 27 Jahre alten Heinrich Ehrler, dem Geschwaderkommodore des JG5 in Norwegen, der Anflug einer britischen Formation gemeldet. Aber statt seine ganze Einheit vom Boden aus zum Gegenangriff zu führen, startete Ehrler, der damals schon 199 Luftsiege hatte, nur mit seinem Rottenflieger und wollte seinen persönlichen Erfolg erzwingen, seinen 200. Abschuß. Gegen diese nur leichte Jagdabwehr konnten die Lancaster der 9 und 617 Squadrons nördlich von Tromsö das deutsche Schlachtschiff Tirpitz versenken. Danach wurde Ehrler vor das Kriegsgericht gestellt und zum Tode verurteilt. Dieses Urteil wurde aber später zu drei Jahren Zwangsarbeit abgeändert und zum Vollzug nach dem Krieg ausgesetzt.

Nachdem man ihm sein Kommando und alle Ehren entzogen hatte, wurde Ehrler zum neu aufgestellten Düsenjagdgeschwader JG 7 versetzt. Am 6. April 1945 schoß er zwei B-17 ab und rammte mit seiner Me 262 eine dritte. Seine letzten Worte über Funk an seinen Freund Theo Weissenberger lauteten: »Wir sehen uns in Walhalla!«. Ehrlers endgültige Abschußzahl ist nicht genau bekannt, die Zahlen differieren zwischen 204 und 220.

1199
11

12

41. Messerschmitt Bf 109 G-1

geflogen von Leutnant Heinz Knoke, 5./JG 11,
Jever, Deutschland, April 1943.

Heinz Knoke, berühmt geworden wegen der Einführung der Luft-Luft-Bombardierung der Flying Fortress, aber auch wegen seiner Nachkriegserinnerungen, führte bei der Verteidigung Nordwestdeutschlands gegen die viermotorigen amerikanischen Bomber von Anfang an die sogenannte »Boeing-Klau-Staffel«, die 2./JG 1 (später die 5./JG 11).

Am 22. März 1943 konnte Knoke einen der schweren amerikanischen Bomber vernichten, indem er eine Bombe darauf abwarf. Aber als die ganze Staffel am 17. April über Bremen Bomben auf eine Formation von B-17 abwarf, hatte sie damit keinen Erfolg. Bei der Verteidigung von Kiel einen Monat später, am 14. Mai, schafften es drei von Knokes Männern, drei Flying Fortress durch Bombardierungen in der Luft zu zerstören.

Knoke und seine Leute wurden 1943 von der deutschen Propaganda weidlich ausgenutzt, als man in der Öffentlichkeit verzweifelt irgendetwas vorzeigen mußte, womit man die Angst vor den nun einsetzenden Tagangriffen gegen Deutschland zerstreuen konnte. Zwischen Januar und Mai 1943 wurden dem JG 1 und dem JG 11 (das im April 1943 durch Aufteilung des JG 1 entstanden war) die Zerstörung von 108 B-17 und B-24 zugeschrieben, und davon gingen 47 auf das Konto von Knokes Gruppe. Ein Vergleich mit amerikanischen Quellen zeigt aber, daß in dieser Zeit bei den Angriffen gegen Deutschland und die Benelux-Staaten, also im Einsatzraum des JG 1 und JG 11, Verluste von insgesamt nur 83 B-17 und B-24 gemeldet wurden.

Heinz Knoke beendete den Krieg als Hauptmann. Die Zahl seiner Luftsiege ist ungewiß, sie variiert zwischen 33, 37, 44 und 52 – aber sie wurden jedenfalls alle an der Westfront erzielt, einschließlich von 19 abgeschossenen schweren Bombern.

42. Focke-Wulf Fw 190 A-4

geflogen von Leutnant Eberhard von Burath, Stab I./JG 1,
Deelen, Holland, April 1943.

Eberhard von Burath gehörte nicht gerade zu den erfolgreichsten Jagdfliegern. Er kam im September 1942 direkt von der Offiziersschule als Gruppenadjutant zur IV./JG 1. Am 11. März 1943 überlebte von Burath einen Absturz mit einer Fw 190, möglicherweise die Folge von Sabotage. Seinen ersten Luftsieg errang er am 21. Mai 1943 gegen eine B-17. In den folgenden acht Monaten schaffte er zwei weitere Abschüsse. Als es ihm am 10. Februar 1944 gelang, eine B-17 zu beschädigen und aus ihrer Formation abzudrängen, wurde ihm dieser »Herausschuß« als vierter Luftsieg zugeschrieben.

Im März 1944 wurde von Burath zum Staffelkapitän der 4./JG 1 befördert, und am 23. März erzielte er seinen fünften Abschuß. Sechs Tage später, am 29. März, gehörte er zu den 31 abgeschossenen deutschen Jagdfliegern (die Amerikaner meldeten sogar 52 Luftsiege). Aufgrund seiner nützlichen Kontakte wurde von Burath im Juni 1944 an die Ostfront versetzt.

Nach dem Attentat auf Adolf Hitler am 20. Juli 1944 wurde Oberleutnant von Burath zum NS-Führungsoffizier des JG 51 ernannt. Kurz vor Ende des Krieges erzielte von Burath an der Ostfront seinen letzten Abschuß.

43. Messerschmitt Bf 109 G-4

geflogen von Hauptmann Klaus Quaet-Faslem, Stab I./JG 3, Mönchengladbach, Deutschland, Mai 1943.

Seinen ersten Luftsieg hat Klaus Quaet-Faslem 1939 in Polen erzielt. 1940 und 1942 diente er beim JG 53 an der Ostfront und im Mittelmeer. Im November 1942 wurde er Kommandeur der I./JG 3. Seine Einheit wurde im Sommer 1943 zur Reichsverteidigung verlegt, wo sie bei Luftkämpfen mit den amerikanischen viermotorigen Bombern und ihren Begleitjägern schwere Verluste erlitt.

Am 30. Januar 1944 unternahm die USAAF den zweiten schweren Angriff auf Deutschland innerhalb von zwei Tagen. Während dieser Angriffe verloren die Amerikaner 19 viermotorige Bomber und 29 Jagdflugzeuge. Aber obwohl die Luftwaffe dabei nicht viele Verluste hinnehmen mußte, gingen diese Luftkämpfe bis an die physischen Grenzen der deutschen Piloten. Nach dem Abschuß einer B-17, seinem 49. Luftsieg, kehrte Hauptmann Quaet-Faslem im Tiefflug zurück und stürzte bei Braunschweig in den Elmbergen ab.

44. Focke-Wulf Fw 190 A-5

geflogen von Leutnant Emil »Bully« Lang, 5./JG 54, Siverskaja, Rußland, Mai 1943.

Die Luftwaffen-Historiker Ray Toliver und Trevor Constable beschreiben Emil »Bully« Lang als »einen der tapfersten Männer« der deutschen Luftwaffe. Dieser bekannte Leichtathlet stieß 1942 an der Ostfront zur 9./JG 54. Seinen Spitznamen »Bully« bekam er wegen seiner Bulldog-ähnlichen Erscheinung. Am 21. Oktober 1943 schoß er an einem einzigen Tag zwölf Flugzeuge ab, das waren seine Luftsiege 62 bis 73, und im Dezember 1943 erzielte er innerhalb von drei Wochen 72 Luftsiege, an einem Tag waren es 18. Als Kommandeur der II./JG 26 setzte er seine Erfolge an der Invasionsfront fort und holte in wenigen Wochen 25 alliierte Flugzeuge herunter. Am 9. Juli 1944 schoß »Bully« innerhalb fünf Minuten drei Spitfire ab, am 15. August waren es zwei P-47 in einer Minute, am 25. August zwei P-38 in drei Minuten, und am 26. August schließlich erzielte er mit dem Abschuß von drei Spitfire seine Luftsiege 171 bis 173.

»Bully« schien unverwundbar zu sein, bis am 3. September 1944 bei einem Kurvenkampf mit einigen P-47 über Belgien das Fahrwerk seiner Fw 190 herausfiel – danach wurde er abgeschossen und tödlich getroffen.

Anmerkung: Das JG 54 war bekannt für seine einfallsreichen Tarnfarben und Bemalungen. Sowohl Langs Fw 190 A-5 als auch Bonins Fw 190 A-4 (siehe Profil 45) hatten eine Tarnbemalung in zwei Grüntönen, die den RLM-Farben 82 und 83 zu Ende des Krieges entsprachen.

C3

45. Focke-Wulf Fw 190 A-4

geflogen von Major Hubertus von Bonin, Stab/JG 54,
Dorpat, Estland, Juni 1943.

Als Adolf Galland, General der Jagdflieger, im Sommer 1943 Hannes Trautloft zum Inspekteur der Jagdflieger im Osten machte, wurde Hubertus von Bonin zum Kommandeur des JG 54 »Grünherz« ernannt, das für den deutschen Jagdschutz über der Front von Leningrad verantwortlich war. Unter der Führung von Bonins erzielte Walter Nowotny, der »Star« des JG 54, seine größten Erfolge.

Von Bonin war ein Veteran mit Erfahrungen, die bis zum Spanischen Bürgerkrieg zurückreichten, wo er vier Luftsiege erringen konnte. Während der Schlacht um England wurden ihm neun Luftsiege zugeschrieben, und an der Ostfront erzielte er weitere 64 Abschüsse.

Major Hubertus von Bonin fiel am 15. Dezember 1943 über Vitebesk bei einem Luftkampf mit russischen Jägern.

Anmerkung: Es ist nicht ganz sicher, ob das auf dem Foto und im Profil abgebildete Flugzeug zum Stab/JG 54 gehörten, und ob es von Bonin geflogen hat.

46. Messerschmitt Bf 109 G-6 trop

geflogen von Unteroffizier Georg Amon, 7./JG 53,
Sciacca, Sizilien, Juni 1943.

Am 25. Juni 1943 führten alle verfügbaren Flugzeuge des JG 53 und JG 77 einen Alarmstart durch, um 120 B-17 abzuwehren, die einen Angriff auf Neapel flogen. Doch die Deutschen konnten nur zwei Bomber abschießen. Göring war außer sich und verlangte, daß je ein Jagdflieger aus jeder der beteiligten Jagdgruppen vor das Kriegsgericht gestellt werden sollte. Adolf Galland, der General der Jagdflieger, der erst kurz vorher nach Sizilien gekommen war, schickte persönlich vier Piloten vor das Kriegsgericht, drei davon von der III./JG 53, und einer davon war Unteroffizier Georg Amon. Galland warf ihm vor, er habe sich von den Bombern abgesetzt, um einem Luftkampf zu entgehen. Nach dem Zweiten Weltkrieg schrieb Johannes Steinhoff, der Geschwaderkommodore des JG 77, ein Buch, in dem er den Eindruck zu erwecken versuchte, als ob Galland die Jagdflieger gegen völlig grundlose Beschuldigungen Görings verteidigt hätte. In Wirklichkeit zeigte Galland mehr Loyalität zu seinem Vorgesetzten Göring als zu seinen Piloten. Dies führte unter den ohnehin demoralisierten Jagdfliegern auf Sizilien zur Verbitterung. Der Kampfgeist dieser Leute war nach den schweren Verlusten in Tunesien in schlechter Verfassung. Es war üblich geworden, Luftkämpfe zu vermeiden. Auch Heinz Bär, der beste Jagdflieger der I./JG 77, hatte zu dieser Zeit die Angewohnheit, möglichst jedem Kampfeinsatz zu entgehen. Amon hatte das Glück, nicht nur dem Kriegsgericht zu entkommen, sondern auch den Krieg lebend zu überstehen. Nach neun Luftsiegen war er am 2. April 1945 von der Flak abgeschossen worden, hatte dabei Verbrennungen erlitten und geriet in Gefangenschaft.

2
5

87
9
Seemann

47. Focke-Wulf Fw 190 A-5

geflogen von Major Walter Oesau, Stab/JG 2,
Beaumonte-le-Roger, Frankreich, Juni 1943.

Johannes Steinhoff beschrieb Walter »Gulle« Oesau einmal als »den härtesten Jagdflieger der Luftwaffe«. Seit Beginn des Krieges gehörte er zu den erfolgreichsten Piloten der Jagdwaffe.

Bei Ausbruch des Krieges war er der Führer der 7./JG 51 und später der III./JG 51. Im August 1940 erzielte er seinen 20. Luftsieg. Als er drei Monate später zur III./JG 3 versetzt wurde, war er mit 39 Luftsiegen nach Wick, Mölders und Galland der viertbeste Jagdflieger des Zweiten Weltkriegs. Am 12. Juni 1941 schoß Oesau sieben sowjetische Flugzeuge ab, einschließlich drei I-16 innerhalb einer Minute.

Nachdem Oesau an Luftschlachten über fast allen Kriegsschauplätzen teilgenommen hatte, wurde er im Oktober 1943 zum Kommandeur des JG 1 der Reichsverteidigung ernannt. In dieser Zeit bekam er oft genug Hermann Görings Frust wegen der Fehlschläge bei der Abwehr der alliierten Bomberoffensive zu spüren. Am 11. Mai 1944 griffen 1000 schwere amerikanische Bomber Eisenbahnverbindungen in Frankreich an. Oesau lag mit Grippe im Bett, als Göring bei seiner Einheit anrief und fragte: »Ist der Kommodore in der Luft?« – »Nein, er liegt mit Fieber im Bett« – »Ja, das kenne ich schon!« entgegnete Göring verächtlich, »er ist also auch müde und feige!«

Verärgert über diese Bemerkung, stieg Oberstleutnant Walter Oesau in seine Bf 109 G-6/AS, startete trotz hohen Fiebers alleine und wurde seitdem nie wieder gesehen.

48. Messerschmitt Bf 109 G-6 trop

geflogen von Oberfeldwebel Wilhelm Mink, 4./JG 51,
Senorbi, Sardinien, Juli 1943.

Wilhelm Mink war ein Messerschmitt-Pilot, der an der Schlacht um England teilgenommen hatte. Zweimal wurde er über dem Kanal abgeschossen und beide Male von deutschen U-Booten gerettet. Seinen ersten Luftsieg erzielte er am 29. April 1941, und seine größten Erfolge hatte er an der Ostfront. Als die II./JG 51 im November 1942 nach Tunesien verlegt wurde, hatte Mink bereits 62 Luftsiege errungen.

Die Folgen eines Unfalls am Boden hinderten Mink aber daran, in der ersten Phase der Operationen in Nordafrika teilzunehmen.

Als seine Einheit im Sommer 1943 von Sardinien und Sizilien aus operierte, war er aber wieder dabei. Am 13. Juli erhielt die Gruppe den Befehl, die verbliebenen Flugzeuge in Sizilien zu zerstören und zur Neuaufstellung nach Deutschland zurückzuverlegen.

Im Januar 1944 kehrte die II./JG 51 wieder nach Italien zurück. Mink wurde am 3. Februar bei einem Angriff auf B-26 Marauder abgeschossen und schwer verwundet.

Nach einer langen Erholungszeit wurde Mink aus dem Einsatz abgerufen und verbrachte ein Jahr als Lehrer an verschiedenen Flugschulen. Er fiel am 12. März 1945, als ein Kurierflugzeug Fw 58, in dem er unterwegs war, von britischen Jägern abgeschossen wurde. Wilhelm Mink hatte insgesamt 72 Luftsiege.

Anmerkung: Diese »Weiße 1« könnte die Bf 109 von Oberfeldwebel Wilhelm Mink gewesen sein, die er bei den Luftkämpfen über Sardinien flog.

12

49. Messerschmitt Bf 109 G-4

geflogen von Leutnant Peter Düttmann, 5./JG 52,
Bonifaz, Rußland, 25. Juli 1943.

Peter Düttmann hatte 1943 im Alter von 20 Jahren gerade seine Ausbildung abgeschlossen, als er bei der 5./JG 52 zum Einsatz kam, des erfolgreichsten Geschwaders an der Ostfront. Zwischen April und Juli 1943 hatte das JG 52 rund 1000 der insgesamt 2500 Flugzeuge abgeschossen, die die russischen Streitkräfte in diesem Zeitraum verloren. Das JG 52 verlor dabei 47 Piloten und rund 50 Bf 109. Am 7. Juli 1943 erzielte das JG 52 den 7000. Luftsieg seit dem Beginn des Zweiten Weltkriegs.

»Bonifaz« Düttmann flog an der Ostfront bis zum Kriegsende 398 Einsätze. Er hatte 150 bestätigte und weitere 42 unbestätigte Luftsiege, einschließlich neun Abschüssen während des Endkampfes um die Krim am 7. Mai 1944. Innerhalb von zwei Jahren wurde er 19 Mal abgeschossen, bzw. mußte er notlanden.

50. Messerschmitt Bf 109 G-6 trop

geflogen von Leutnant Alfred Hammer, 6./JG 53,
Cancello, Italien, August 1943.

»Martello« Hammer war am 20. August 1943 am sogenannten Lightning-Massaker beteiligt, als das JG 53 in einem einzigen Luftkampf über Capua in Italien 14 amerikanische Jäger abschoß. Das war für die deutschen Jagdflieger im Mittelmeerraum zu dieser Zeit aber ein seltenes Erfolgserlebnis. Der Luftkrieg über Italien kostete das JG 53 Verluste, die zum ersten Mal höher waren als die eigenen Luftsiege.

Hammer war ein pflichtbewußter Offizier der II./JG 53 und wurde für seine disziplinierten Aktionen beim Begleitschutz für Bomber gegen Malta im Sommer 1942 mit dem Eisernen Kreuz ausgezeichnet. Seinen ersten Abschuß, eine Spitfire, erzielte er aber erst am 25. Oktober 1942 bei seinem 271. Kampfeinsatz.

Während der Evakuierung des Brückenkopfes von Tunis konnte Leutnant Hammer vier Leute seiner Bodenmannschaft ausfliegen, die er alle in seiner engen Messerschmitt Bf 109 verstaut hatte. Alfred Hammer überlebte den Krieg mit insgesamt 26 Luftsiegen.

12
87

1
87

51. Focke-Wulf Fw 190 A-6

geflogen von Oberfähnrich Hans Güthenke, 3./JG 11,
Husum, Deutschland, 17. August 1943.

Als Pilot im JG 11 bekam Hans Güthenke in den Jahren 1943 und 1944 die wachsende Macht der 8th Air Force zu spüren. Am 17. August 1943 startete Güthenke zusammen mit seinen Kameraden in seiner Fw 190, geführt von Major Erwin Clausen von der I./JG 11, und ihr Befehl lautete, die größte Bomberarmada der USAAF anzugreifen, die man bis dahin gesehen hatte. Auf der amerikanischen Seite wurden 60 Bomber und drei Jagdflugzeuge abgeschossen, die Deutschen verloren 27 Jäger. Dies war die größte Luftschlacht seit der Invasion bei Dieppe ein Jahr zuvor. Güthenke hatte an diesem Tag Glück und konnte nach einem Motorschaden bei Loenen in Holland eine glatte Bauchlandung hinlegen.

Nicht ganz so günstig verlief für ihn der 24. Februar 1944, als er nach dem Abschuß einer B-17 selbst getroffen wurde. Er konnte zwar unverletzt aussteigen, aber noch am selben Tag wurde er bei einem Bombenangriff auf seinen Flugplatz verwundet.

Kaum genesen, kam er zur I./JG 11 zurück, rammte bei seinem ersten Einsatz eine B-17 und mußte schwer verletzt aussteigen. Das war für Oberfähnrich Hans Güthenke der 7. und letzte Luftsieg.

52. Messerschmitt Bf 109 G-6y

geflogen von Oberfeldwebel Alfred Surau, 9./JG 3,
Bad Wörishofen, Deutschland, 6. September 1943.

Alfred Surau war in der 9./JG 3 ein richtiger »Komet«. Seinen ersten Luftsieg erzielte er am 28. Februar als Feldwebel an der Ostfront.

Als die III./JG 3 im August 1943 zur Reichsverteidigung verlegt wurde, hatte Surau schon 41 Abschüsse. Die erfahrenen Veteranen der Ostfront machten die III./JG 3 zu einer der erfolgreichsten Einheiten der Reichsverteidigung. Während andere deutsche Jägereinheiten schwere Schläge hinnehmen mußten, konnten die Piloten der III./JG 3 zwischen August und Dezember 1943 31 amerikanische Flugzeuge abschießen, meistens viermotorige Bomber, und dabei fielen nur zwei Piloten, ein weiterer wurde verwundet. Zu den Gefallenen gehörte auch Alfred Surau.

Während dieser schicksalhaften Schlacht am 14. Oktober 1943 schoß Surau eine B-17 ab, das war sein 46. Luftsieg. Aber er wurde vom Abwehrfeuer dieses Bombers selbst getroffen und mußte schwer verwundet aussteigen. Er starb an seinen Verletzungen noch am selben Tag im Krankenhaus von Wertheim.

530106
7

6

53. Messerschmitt Bf 109 G-6

geflogen von Major Hermann Graf, JGr. 50,
Wiesbaden-Erbenheim, Deutschland, 6. September 1943.

Hermann Graf war einer der erfolgreichsten Jagdflieger des Zweiten Weltkriegs, und vielleicht der größte von allen, weil er nach Ende des Krieges seine eigenen Einsätze völlig neu bewertete.

Während des Spätsommers und Herbstes 1942 beherrschte Graf den Himmel über Stalingrad. Zu dieser Zeit führte er die 9./JG 52, und die Zahl seiner Luftsiege, die er dort erzielte, ist in der ganzen Geschichte unerreicht.

Allein im September 1942 schoß Graf 62 sowjetische Flugzeuge ab: Am 2. September waren es fünf, am 10. September sieben, am 16. und 17. September jeweils wieder fünf, und am 23. September zehn. Am 26. September holte er drei sowjetische Flugzeuge herunter und erzielte damit als erster Pilot insgesamt 200 Luftsiege. Danach wurde er aus dem Einsatz gezogen und von Goebbels' Propagandamaschine intensiv eingesetzt.

Im Sommer 1943 war Hermann Göring von der wachsenden Bedrohung durch die schnellen britischen Mosquito-Bomber äußerst beunruhigt. Er organisierte höchstpersönlich mit den JGr. 25 und JGr. 50 zwei Spezialeinheiten als Mosquito-Jäger, ausgerüstet mit Bf 109 G mit leistungsgesteigerten Triebwerken. Das Kommando über diese Einheiten übertrug er zwei der erfolgreichsten Jagdflieger: Herbert Ihlefeld übernahm die JGr. 25 und Hermann Graf die JGr. 50.

Aber diese beiden Einheiten konnten keine großen Erfolge erzielen und wurden bald wieder aufgelöst. Major Hermann Graf hatte in der JGr. 50 drei feindliche Flugzeuge abgeschossen.

54. Focke-Wulf Fw 190 A-5

geflogen von Major Hermann Graf, Jagd Erg.Gr.Ost.,
Toulouse-Blagnac, Frankreich, 7. September 1943.

Obwohl er eigentlich nicht mehr an Kampfeinsätzen teilnehmen durfte, geriet Hermann Graf in den Jahren 1943 und 1944 mehrmals in Auseinandersetzungen mit schweren amerikanischen Bombern. Am 6. September 1943 schoß er zwei B-17 aus einer Formation von zehn Bombern der 100th Bomb Group (der sogenannten »Bloody Hundredth«) ab, die versucht hatte, Einrichtungen der Luftwaffe in der Nähe von Paris anzugreifen.

Im November 1943 wurde Graf zum Geschwaderkommodore des JG 11 ernannt. Seinen letzten Luftkampf führte er am 29. März 1944, als er eine P-51 Mustang abschoß, eine weitere rammte und dann aber schwer verwundet aussteigen mußte. Das waren seine Luftsiege Nr. 211 und 212. Am Ende des Krieges war Graf Oberst und Geschwaderkommodore des JG 52.

Nach dem Krieg schockierte Graf viele der früheren Luftwaffen-Asse, für die er früher ein Idol gewesen war, weil er sich von allen seinen Erfolgen als Jagdflieger lossagte: »Alles, was ich im Krieg getan habe, war falsch«, so bekannte er und erklärte sich zum Kommunisten. Graf starb am 4. November 1988.

1
172

202

55. Focke-Wulf Fw 190 A-5

geflogen von Oberleutnant Josef »Sepp« Wurmheller, 9./JG 2,
Vannes, Frankreich, September 1943.

Während der Luftkämpfe über dem Kanal war »Sepp« Wurmheller ein völlig furchtloser Jagdflieger. In der Schlacht um England wurde er zweimal abgeschossen, aber im Mai und Juni 1942 schoß er seinerseits 22 britische Flugzeuge ab und erreichte damit insgesamt 50 Luftsiege.

Am 19. August 1942 nahm »Sepp« Wurmheller bei den Angriffen auf Dieppe vom frühen Morgen bis in den späten Abend an den Luftkämpfen über der Küste teil. Nach einem erbitterten Kurvenkampf mußte er notlanden, brach sich dabei ein Bein und erlitt eine Gehirnerschütterung. Er ließ sich das Bein eingipsen, stieg noch am selben Tag wieder in seine Fw 190 und schoß einige britische Flugzeuge ab. Insgesamt erzielte er an diesem Tag sieben Luftsiege.

Im Mai 1943 übernahm Wurmheller die Führung der berühmten 9./JG 2 »Richthofen«. Nachdem Gruppenkommandeur Herbert Huppertz am 8. Juni 1944 abgeschossen und gefallen war, übernahm Wurmheller die III./JG 2.

Kurz nachdem er am 22. Juni 1944 über der Normandie seinen 102. Luftsieg errungen hatte, kollidierte er im Luftkampf mit seinem Rottenflieger und stürzte tödlich ab.

Anmerkung: Diese Fw 190 ist eine der letzten, die Wurmheller in dieser Zeit geflogen hat.

56. Messerschmitt Bf 109 G-6

geflogen von Leutnant Erich »Bubi« Hartmann, 9./JG 52,
Novosaporovyi, Rußland, 2. Oktober 1943.

Leutnant Erich Hartmann, der wegen seines jungenhaften Aussehens den Spitznamen »Bubi« erhielt, entwickelte sich von 1942 bis 1945 an der Ostfront zum erfolgreichsten Jagdflieger der Welt. Seine großen Erfolge setzten am 5. Juli 1943 ein, dem ersten Tag der Schlacht um Kursk, als die deutschen Jäger nicht weniger als 432 sowjetische Flugzeuge abschossen, die versucht hatten, noch vor der Schlacht um Kursk deutsche Flugplätze zu attackieren.

Dieses Massaker machte die technische Überlegenheit der Deutschen deutlich, die die anfliegenden sowjetischen Formationen auf ihren Radarschirmen entdeckt hatten. Rechtzeitig alarmiert, stürzten sich die deutschen Jagdeinheiten auf die sowjetischen Flugzeuge, verbreiteten Chaos und brachten ihnen innerhalb weniger Minuten schwere Verluste bei. Hartmann selbst schoß am Vormittag eine Airacobra ab und erzielte im Laufe des Tages weitere drei Luftsiege. Bis Ende September 1943 wuchs die Zahl seiner Luftsiege von 17 auf 115.

Fritz Obleser, ein Jagdflieger der benachbarten 8./JG 52, bezweifelte offen die vom Neuling Hartmann behaupteten Luftsiege. Aber nachdem er zusammen mit Hartmann am 1. Oktober 1943 einen Einsatz geflogen hatte und dabei beobachten konnte, wie Hartmann innerhalb kürzester Zeit zwei LaGG-5-Jäger abschoß, nahm er seine früheren Verdächtigungen zurück.

7334
1 2

1
100

57. Messerschmitt Bf 109 G-6y

geflogen von Hauptmann Karl-Heinz Langer, 7./JG 3,
Bad Wörishofen, Deutschland, 14. Oktober 1943.

Hauptmann Karl-Heinz Langer gehörte nicht zu den »Kometen« unter den Assen der deutschen Luftwaffe, aber immerhin überlebte er den Krieg. An der Ostfront war er seit Juni 1941 Adjutant der III./JG 3 und erzielte am 14. Juli 1941 seinen ersten Abschuß. Am 17. Dezember dieses Jahres wurde er nach zehn Luftsiegen verwundet, als seine Bf 109 auf dem Flugplatz Pitomnik in der Nähe von Stalingrad über eine detonierende Bombe rollte. Nach seiner Genesung flog er bald wieder Einsätze und schoß am 28. Dezember 1942 über Stalingrad eine Yak-1 ab.

Im Juni 1943 wurde er zum Führer der 7./JG 3 ernannt, die er solange führte, bis er am 14. November 1943 bei einem Luftkampf mit einer B-17 abgeschossen und verwundet wurde.

Im Mai 1944 hatte er sich wieder erholt und trat nun als Gruppenkommandeur der III./JG 3 die Nachfolge von Walter Dahl an. Langer führte diese Gruppe in der Heimatverteidigung, an der Invasionsfront und ab Januar 1945 an der Ostfront. Unter seiner Führung erzielte die III./JG 3 während der letzten zwölf Monate des Zweiten Weltkrieges 176 Luftsiege. Aber die III./JG 3 verlor im selben Zeitraum 298 Flugzeuge, und 161 Piloten waren gefallen, verwundet oder vermißt.

Seinen 30. und letzten Luftsieg erzielte Karl-Heinz Langer am 23. April 1945, als er eine Yak-1 abschoß. Langer starb am 6. Mai 1955 in Remscheid.

58. Focke- Wulf Fw 190 A-5

geflogen von Hauptmann Walter »Nowi« Nowotny, Stab I./JG 54,
Orel, Rußland, 14. Oktober 1943.

Obwohl er die meisten seiner Erfolge an der Ostfront erzielt hatte, erwarb sich der junge Österreicher »Nowi« Nowotny bei den alliierten Piloten große Achtung, wie Pierre Clostermann in seinen Memoiren schrieb. Im Sommer und Herbst 1943 war Nowi an der Ostfront eine veritable Einmann-Armee. So schoß er im Juni 1943 41 Flugzeuge ab, zehn davon an einem einzigen Tag. Im August 1943 folgten weitere 49 Luftsiege (neun am 13. und sieben am 21. August), und im nächsten Monat erzielte er weitere 45 Luftsiege (davon allein zehn am 1. September). Nach einem zehn Minuten dauernden Kurvenkampf schoß Nowotny eine sowjetische Curtiss P-40 ab, und mit diesem 250. bestätigten Luftsieg war er der erste Pilot überhaupt, der diese Zahl von Abschüssen erreichte.

Walter Nowotny war unter den sowjetischen Piloten, die in Luftkämpfen mit ihm zusammentrafen, gut bekannt und sehr gefürchtet. Bei demselben Kurvenkampf am 18. August 1943, als Nowotny seinen 150. Abschuß erzielte, fiel das sowjetische Jäger-As Captain Kuzmin vom 239. Jäger-Regiment, der selbst 21 Abschüsse und weitere sieben geteilte Luftsiege erzielt hatte.

59. Messerschmitt Bf 109 G-6

geflogen von Oberfeldwebel Heinrich Bartels, 11./JG 27,
Kalamaki, Griechenland, 17. November 1943.

Während die Deutschen 1943 in Italien in die Defensive gedrängt wurden, starteten sie in der Ägäis eine Offensive, um nach der Kapitulation Italiens im September 1943 strategische Positionen zu sichern.

Im Herbst 1943 waren die III. und IV./JG 27 in diesem Gebiet für den Jagdschutz verantwortlich, und dabei demonstrierten die deutschen Jagdflieger, daß sie immer noch eine Kampfkraft hatten, mit der der Gegner rechnen mußte. Diese beiden Gruppen schossen während dieser Periode 130 alliierte Flugzeuge ab und verloren dabei 40 eigene Maschinen.

Der erfolgreichste Pilot war Oberfeldwebel Heinrich Bartels, der aus seiner Zeit beim JG 5 bereits 47 Abschüsse hatte, als er im Sommer 1943 bei der neu aufgestellten IV./JG 27 eintraf. Von den 70 Luftsiegen, die die Gruppe in diesem Sommer erzielte, gingen 23 auf das Konto von Bartels. Zwei Douglas Bostons schoß er am 1. Oktober ab, zwei B-24 am 5. Oktober, drei P-38 am 8. Oktober und vier P-38 am 15. November 1943.

Bartels war ein Spezialist im Kurvenkampf und wiederholte seine Erfolge zwischen April und Juni 1944, als er an der Westfront weitere 22 alliierte Jäger abschoß.

Das amerikanische Jäger-As Colonel David Schilling, Group C.O. der berühmten 56th Fighter Group (»Zemke's Wolfpack«), erzielte am 23. Dezember 1944 seine ersten fünf Luftsiege (Nr. 18 bis 22), als er in einem Kurvenkampf östlich von Bonn drei Bf 109 und zwei Fw 190 abschoß. Eines dieser Flugzeuge könnte die Bf 109 G-10 von Hein Bartels gewesen sein, der nach dem Abschuß einer P-47 Thunderbolt, seinem 99. Luftsieg, als vermißt galt.

60. Messerschmitt Bf 109 G-6

geflogen von Hauptmann Gerhard Barkhorn, Stab II./JG 52,
Bagerovo, Rußland, 30. November 1943.

Die II./JG 52, geführt von Hauptmann »Gerd« Barkhorn, war während der Schlacht um die Halbinsel Krim vom Dezember 1943 bis Mai 1944 die einzige deutsche Jagdfliegergruppe in diesem Gebiet. Sie kämpfte gegen die besten Piloten, die Rußland mobilisieren konnte. Unter den Verteidigern war auch der berühmte »Sasha« Pokryshkin mit 59 Luftsiegen und das Flieger-As Komardinkin von der 274. IAP (Jäger-Regiment), der im April und Mai 1944 bei 19 Einsätzen über der Krim 19 deutsche Flugzeuge abgeschossen hatte. In der selben Zeit erzielte Oberstleutnant Michail Avdeyev, der Kommandeur des mit Yak-9 ausgerüsteten Garderegiments 6 Gv.IAP, seine Luftsiege Nr. 7 bis 15.

Aber die Verluste auf sowjetischer Seite waren weit größer. Zwischen dem 13. Dezember 1943 und Mai 1944 schossen die Deutschen über der Krim 604 sowjetische Flugzeuge ab. Die Fw 190 des SG 2 hatten 247 feindliche Flugzeuge abgeschossen. Einer der Piloten dieser Einheit, Leutnant August Lambert, erhöhte die Zahl seiner Luftsiege von 20 auf 90 (einschließlich von 17 an einem einzigen Tag).

»Gerd« Barkhorn schoß über der Krim fast 70 sowjetische Flugzeuge ab und erzielte am 30. November 1944 seinen 200. Luftsieg, am 13. Februar 1944 den 250.

13
Marga

5

61. Messerschmitt Bf 109 G-6

geflogen von Leutnant Helmut Lipfert, 6./JG 52,
Bagerovo, Rußland, 11. Dezember 1943.

Die deutsche Wehrmacht mußte sich im Dezember 1943 aus dem südöstlichen Abschnitt der Ostfront zurückziehen und wurde auf der Halbinsel Krim eingeschlossen. Am Samstag, den 11. Dezember flogen die Heinkel He 111 der I./KG 4 sechs Bombenangriffe auf die Brücken über die Pereskop-Bucht, um die Rote Armee vor dem Eindringen auf die Krim abzuhalten.

Wegen der in diesem Gebiet sehr starken sowjetischen Jägerkräfte – die I./KG 4 verlor innerhalb kurzer Zeit sieben He 111 – mußten die meisten Angriffe während der Nacht geflogen werden. Bei einem der Tagangriffe am 11. Dezember 1943 übernahmen vier Bf 109 den Jagdschutz, geführt von Leutnant Helmut Lipfert von der 6./JG 52. Plötzlich wurden die Heinkel-Bomber von zwei Yaks angegriffen, und dabei wurde die He 111 von Unteroffizier Meyferth abgeschossen. Die Yaks verschwanden in einem steilen Abschwung mit einer Geschwindigkeit von 750 km/h.

Helmut Lipfert, der einem dieser russischen Jäger folgte, schrieb später: »Ich drückte mein Flugzeug nach unten, aber als ich das Feuer eröffnen wollte, zog er wieder hoch, und ich befand mich plötzlich unter ihm. Dieses Manöver wiederholte der Russe mit so viel Können, daß ich einfach nicht zum Schuß kommen konnte. Außerdem wechselte er ständig seine Geschwindigkeit mit dem Ziel, daß ich ihn überschießen mußte … Ich zog zwar ab und zu am Abzug und schickte ihm einige Feuerstöße nach. Ich hatte kein genaues Ziel, aber trotzdem landete ich einen Treffer nach dem anderen … Der Russe zog wieder hoch, ein Fahrwerksbein hing schon heraus, er kurbelte um sein Leben und bewies mit seinen Fähigkeiten, daß der Feind über herausragende Piloten und Flugzeuge verfügte … Eine Geschoßgarbe zerstörte schließlich sein ganzes Leitwerk, und dann stürzte er brennend und trudelnd ab«.

Das war Lipferts 75. Luftsieg, und bei Kriegsende hatte er 203 Abschüsse.

62. Focke-Wulf Fw 190 A-7

geflogen von Oberfeldwebel Adolf »Addi« Glunz, 5./JG 26,
Cambrai-Epinoy, Frankreich, 31. Dezember 1943.

Während der großen Luftschlacht über Deutschland am 22. Februar 1944 schoß Oberfeldwebel Adolf »Addi« Glunz einen amerikanischen Jäger und vier viermotorige Bomber ab. An diesem Tag war Glunz um 11 Uhr 25 in Athies gestartet, und als er eineinhalb Stunden später in Mönchengladbach wieder landete, hatte er zwei B-17 abgeschossen und eine weitere aus ihrer geschlossenen Formation herausgeholt. Später am selben Tag startete er wieder, um die zurückkehrenden Bomber abzufangen. Nach ihrem Einsatz über Deutschland waren die erschöpften amerikanischen Besatzungen für einen Experten wie Glunz eine leichte Beute. Bei diesem zweiten Einsatz schoß Glunz zwei weitere B-17 und eine P-47 Thunderbolt ab. Von diesen fünf Abschüssen wurden vier bestätigt, so daß Glunz nun insgesamt 58 Luftsiege verzeichnen konnte.

Obwohl er von März 1941 bis zum Ende des Krieges ständig an der Front war – er flog 574 Kampfeinsätze, davon 238 mit Feindberührung und 71 Abschüssen – wurde Adolf Glunz kein einziges Mal selbst abgeschossen. Nur einmal wurde er verletzt – als die RAF im April 1944 einen Angriff auf Abbéville flog und eine Bombe das Fenster einer Toilette zertrümmerte, in der sich Glunz gerade aufhielt.

1

642527
9

63. Focke-Wulf Fw 190 A-7

geflogen von Oberleutnant Wilhelm Krebs, Stab I./JG 1,
Dortmund, Deutschland, Januar 1944.

Im Januar 1944 flog Oberleutnant Wilhelm Krebs die Fw 190 als Technischer Offzier der I./JG 1, wo er seit 1942 diente und bei den harten Luftkämpfen über Deutschland eingesetzt wurde. Er erzielte drei bestätigte Luftsiege und überlebte den Krieg.

Bemerkenswert ist sein erster Luftsieg, als er am 21. Mai 1943 eine B-17 abschoß. An diesem Tag griff die 8th Air Force mit 161 viermotorigen Bombern Emden und Wilhelmshaven an. Davon kehrten zwölf nicht mehr zu ihren Heimatbasen zurück. Das JG 1 meldete den Abschuß von drei Bombern, das JG 11 zehn, die Jasta Helgoland einen, das JG 27 fünf, das JG 54 ebenfalls fünf, und weitere drei sollen von der Flak abgeschossen worden sein. Die deutschen Abschußzahlen summierten sich also auf 27 Bomber, das wären doppelt so viele gewesen wie die Amerikaner an Verlusten verzeichnet hatten.

Anmerkung: Man beachte den Flammendämpfer am MG 131 und die verstärkte Frontscheibe an Wilhelm Krebs Focke-Wulf.

64. Messerschmitt Bf 109 G-6 trop

geflogen von Hauptmann Jürgen Harder, Stab I./JG 53,
Maniago, Italien, Februar 1944.

Jürgen Harder gehörte zu den erfahrensten und populärsten Führungspersönlichkeiten der Luftwaffe. Im Februar 1944 wurde er zum Gruppenkommandeur der I./JG 53 »Pik As« in Italien befördert. Am 25. Februar 1944 führte er den deutschen Jägerangriff gegen die Bomber der 15th USAAF über Fiume, bei dem die 301st Bomb Group elf B-17 verlor, von denen acht auf das Konto der I./JG 53 gingen. Vom 28. bis 29. März 1944 warf die 15th Air Force auf Fernmeldeeinrichtungszentren hinter den deutschen Linien in Italien während der Operation »Strangle« 2218 Tonnen Bomben ab. Die I./JG 53 konnte nur vier amerikanische Flugzeuge abschießen, davon nur einen viermotorigen Bomber.

Die deutschen Jagdverbände in Italien litten an Kriegsmüdigkeit und nachlassendem Kampfgeist. Seit Ende 1944 kommandierte Jürgen Harder die Jagdabwehr über den rumänischen Ölfeldern. Aber auch hier standen die Zeichen nicht gut: Am 31. Juli 1944 mußte Harder beobachten, wie 23 der 32 eigenen Jäger in Kurvenkämpfen mit 120 bis 150 Mustangs abgeschossen wurden.

Im Herbst 1944 führte Harder die I./JG 53 in die hoffnungslose Schlacht von Ungarn, und im Januar 1945 wurde er als Geschwaderkommodore des JG 11 an die Berlin-Front versetzt. Er fiel am 17. Februar 1945 bei einem Absturz in der Nähe von Berlin, wahrscheinlich wegen Sauerstoffmangels.

Jürgen Harder war als dritter und letzter Sohn der Familie Harder gefallen. Er hatte insgesamt 64 Abschüsse, 47 im Westen, vier davon waren viermotorige Bomber.

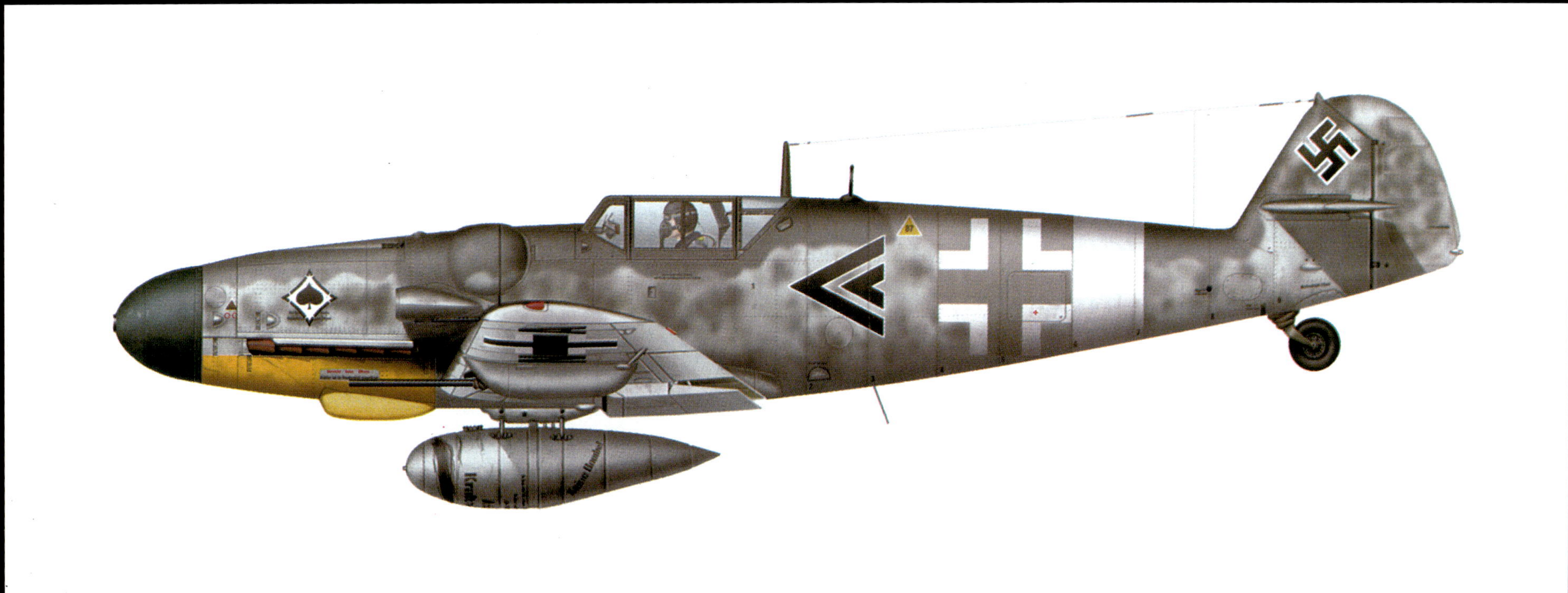

65. Messerschmitt Bf 109 G-6

geflogen von Hauptmann Anton »Toni« Hackl, Stab III./JG 11,
Oldenburg, Deutschland, Februar 1944.

Bei Kriegsbeginn war Unteroffizier »Toni« Hackl Jagdflieger bei der II./JG 77. Im Dezember 1939 nahm er an den Luftkämpfen über der Deutschen Bucht und im April 1940 an der Invasion von Norwegen teil. Nachdem er Staffelkapitän der 5./JG 77 geworden war, kämpfte er während der Invasion der Sowjetunion. Bei der Schlacht von Woronesch an der Ostfront im Juli 1942 konzentrierten die Russen große Luftstreitkräfte und versuchten verzweifelt, die deutsche Sommeroffensive aufzuhalten. Hackl schoß bei diesen Kämpfen 37 Flugzeuge ab und erzielte am 3. August seinen 102. Luftsieg. Am 19. September schoß Hackl bei seinem 118. Luftsieg über der Ostfront eine LaGG-3 ab. Dann wurde seine Gruppe ins Mittelmeer verlegt.

Vom August 1943 bis März 1944 war »Toni« Hackl Kommandeur der III./JG 11 in der Reichsverteidigung und hatte sich mit den schweren amerikanischen Tagangriffen auseinanderzusetzen. In dieser Zeit teilte die III./JG 11 ihre Messerschmitt Bf 109 mit den Nachtjägern der II./JG 300 »Wilde Sau«. Als Kommandeur der III./JG 11 schoß Hackl 25 viermotorige Bomber ab und erhöhte damit die Zahl seiner Luftsiege auf 149. Nachdem Jürgen Harder gefallen war, wurde Hackl im Februar 1945 zum Geschwaderkommodore des JG 11 ernannt. Während der letzten zehn Kriegsmonate verzeichnete Hackl an der Westfront 43 bestätigte Luftsiege, davon 20 im Jahr 1945. Seine letzten 24 Abschüsse wurden aber trotz der Beweise mit der Schießkamera nicht offiziell bestätigt und sind auch nicht in der Gesamtzahl seiner Luftsiege eingeschlossen. Anton Hackl starb im Jahr 1984.

66. Messerschmitt Bf 109 G-6

geflogen von Oberleutnant Wilhelm Schilling, 9./JG 54,
Ludwigslust, Deutschland, 20. Februar 1944.

Die Verlegung der III./JG 54 von der Ostfront zur Heimatverteidigung im Frühjahr 1943 wurde für diese Einheit zum Desaster. Die Männer dieser Gruppe, die im Osten über 1000 Abschüsse erzielt hatten, konnten sich nicht auf den Kampf gegen die viermotorigen Bomber umstellen. Die III./JG 54 verlor schon bei den zwei ersten Konfrontationen mit den schweren amerikanischen Bombern 15 Bf 109 und mit ihnen auch einige ihrer besten Piloten.

Im Februar 1944 lag die III./JG 54 auf dem Fliegerhorst Ludwigslust und nahm an den Luftkämpfen der »Großen Woche« teil. Am ersten Tag dieser Woche schoß die III. Gruppe zwar sechs B-17 ab, verlor aber acht Bf 109 G und drei Piloten. Am nächsten Tag wurden ohne eigene Luftsiege vier deutsche Flugzeuge mit ihren Piloten abgeschossen. Und während der beiden folgenden Tage zerstörte die Gruppe elf viermotorige Bomber und zwei Begleitjäger und verlor zwei Bf 109 mit ihren Piloten. Einer der wenigen Piloten der III./JG 54, die diese schwere Zeit überlebten, war Wilhelm Schilling, der bis zum Ende des Krieges 50 Luftsiege errungen hatte.

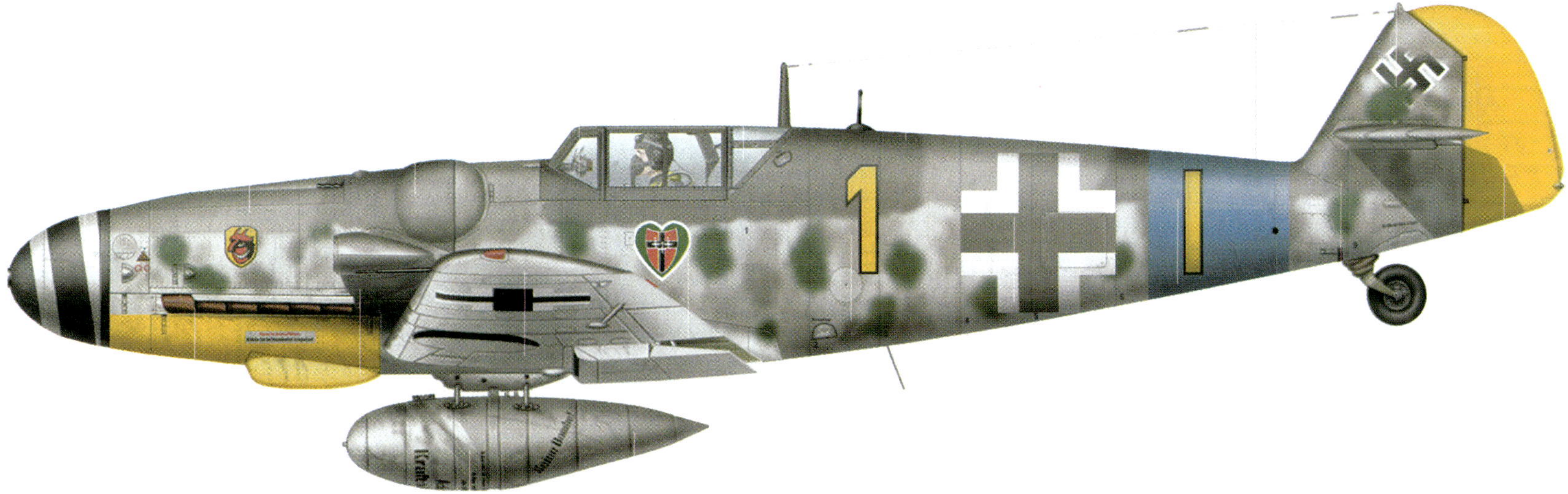

67. Focke-Wulf Fw 190 A-6
geflogen von Generalmajor Adolf Galland, Stab/General der Jagdflieger, Berlin-Tempelhof, Deutschland, März 1944.

Wegen der alliierten Luftüberlegenheit über dem deutschen Luftraum des Jahres 1944 benutzte Generalmajor Adolf Galland, der General der Jagdflieger, bei seinen Inspektionsflügen eine Focke-Wulf Fw 190. Wie er selbst und seine Freunde (vor allem Johannes Steinhoff und die amerikanischen Biographen Toliver und Constable) nach dem Krieg berichteten, hat Galland seine Jagdflieger gegen die Angriffe Hitlers und Görings vehement verteidigt. In Wirklichkeit trifft dies nur auf Gallands Haltung gegenüber seinen Offiziersfreunden aus den Tagen der Schlacht um England zu. Zu den neuen Jagdfliegern der Generation von 1943 und 1944 verhielt sich der Generalmajor dagegen sehr hart, warf ihnen ähnlich wie Göring Feigheit vor und verlangte von ihnen unrealistische Erfolge, wie zum Beispiel, daß jeder Schwarm bei jedem Kampfeinsatz mindestens einen Abschuß »produzieren« mußte. Die Anhänglichkeit der jungen Jagdflieger zu »ihrem« General ist wohl ein Mythos, den Galland selbst und seine Clique von Jäger-Assen nach dem Krieg verbreitet hatten. Tatsächlich verachteten viele der Jagdflieger von 1944 das snobistische Gehabe von Galland und verübelten ihm seine Nähe zu den Naziführern. Man sprach von ihm nur von der »Parfüm-Fabrik«. Im April 1944 wurde Galland bei einer seiner Inspektionsflüge in der Fw 190 von einer Gruppe Mustangs angegriffen, die das große Jagdflieger-As durch halb Deutschland jagten – diese Geschichte wurde in der ganze Jagdwaffe hämisch verbreitet.

Galland fiel später bei Göring in Ungnade und flog wieder Jagdeinsätze gegen den Feind, diesmal in der Me 262, und beendete den Krieg mit 104 Luftsiegen. Er starb am 9. Februar 1996 an einem Herzanfall.

68. Focke-Wulf Fw 190 A-7/MK
geflogen von Oberleutnant Fritz Engau, 2./JG 11, Rotenburg, Deutschland, März 1944.

Seine Kriegskarriere startete Fritz Engau als Nachtjäger bei der II./NJG 1, wo er zwei britische Bomber abschoß. Später mußte er diese Einheit wegen verminderter Sehfähigkeit verlassen. Zwischen März und Juni 1944 war er für kurze Zeit beim JG 11, zuerst als Staffelkapitän und später als Gruppenkommandeur.

Als die 8th Air Force am 29. April 1944 einen schweren Angriff auf Berlin flog, griff die Luftwaffe die anfliegenden Verbände mit einer so großen Zahl von Jägern an, wie sie seit Monaten nicht mehr gesehen worden war, und dabei schoß Engau seinen ersten amerikanischen Bomber ab. Engau gehörte zu den Hunderten von deutschen Jägern, die die zurückfliegenden B-24 der 2nd Bomber Division angriffen, nachdem die Amerikaner einen sehr ungenügenden Begleitschutz hatten. In nur einer halben Stunde wurden 25 B-24 abgeschossen, wobei die I. und II./JG 11 zusammen 14 Luftsiege erzielten. Nach seinem siebten Abschuß – einer P-51 Mustang über der Normandie – wurde Oberleutnant Fritz Engau so schwer verwundet, daß er vom Fronteinsatz zurückgezogen werden mußte.

Anmerkung: Diese speziell bewaffnete Fw 190 A-7 wurde zeitweise mit dem Zusatz MK statt der eher zutreffenden Bezeichnung R2 geführt. Diese »Schwarze 1« kann nicht eindeutig als das persönliche Flugzeug von Staffelkapitän Fritz Engau identifiziert werden.

2

643701
1

69. Focke-Wulf Fw 190 A-7

geflogen von Major Heinz Bär, Stab II./JG 1,
Störmende, Deutschland, 29. April 1944.

Am Morgen des 29. April 1944 führte Major Heinz Bär mit seiner Fw 190 A-7 27 andere Fw 190 der II./JG 1 zum ersten Angriff gegen die amerikanischen Bomber, die Berlin anflogen. Um 10 Uhr 46 schoß Bär eine P-47 Thunderbolt ab – das war sein 201. Luftsieg – und drei Minuten später eine B-24 Liberator.

»Pritzl« Bär gehört zu den bekanntesten und fähigsten Jagdfliegern des Zweiten Weltkriegs. Als er am 22. April 1944 mit der Fw 190 »Rote 23« seinen 200. Luftsieg errang, hatte er gerade seine zweite Karriere gestartet. Als er im Juni 1942 mit seiner I./JG 77 ins Mittelmeer verlegt wurde, hatte er schon 113 Abschüsse. Während der letzten Luftkämpfe in Nordafrika ab Oktober 1942 erzielte er weitere 45 Luftsiege über alliierte Flugzeuge. Aber die harten Einsatzbedingungen in Nordafrika und das Gefühl für die unabwendbare Niederlage hatten Bär physisch und mental sehr beansprucht. Er wurde von seinem Kommando unter unwürdigen Umständen abgelöst und zur »Rehabilitierung« nach Deutschland zurückgeschickt. Das Kriegsende erlebte Bär in Gallands »Staffel der Ausgestossenen«, dem mit Me 262 ausgerüsteten JV 44. 1957 verunglückte er tödlich beim Absturz eines Kleinflugzeugs in Deutschland.

70. Messerschmitt Bf 109 G-6

geflogen von Hauptmann Ludwig Franzisket, Stab I./JG 27,
Fels am Wagram, Österreich, Mai 1944.

Die USAAF begann im Mai 1944 mit ihren Bombenangriffen gegen die deutsche Ölindustrie, was die deutsche Kriegmaschine innerhalb kurzer Zeit schwer beeinträchtigte. Der erste Angriff wurde am 12. Mai 1944 mit 800 Bombern und mehr als 700 Begleitjägern geflogen. Die Deutschen leisteten aber äußerst erbitterten Widerstand, und bei den Luftkämpfen wurden 58 amerikanische und 65 deutsche Flugzeuge abgeschossen. Um 12 Uhr 25 fielen alle Einheiten des JG 27 im Raum Frankfurt mit 100 Messerschmitt Bf 109 über die B-17-Formationen her. In den 35 Minuten dauernden Luftkämpfen schossen die Piloten des JG 27 21 B-17 und zwei P-51 ab, verloren aber ein Dutzend Messerschmitts. Hauptmann Franzisket, Führer der I./JG 27, wurde ebenfalls getroffen und mußte mit schweren Verwundungen aussteigen.

Ludwig Franzisket war ein Veteran des JG 27. Nach neun Luftsiegen bei der Eroberung Frankreichs und fünf Abschüssen bei der Schlacht um England flog Franzisket zusammen mit »Jochen« Marseille in Nordafrika. In der Schlacht von El Alamein wurde er von einer Spitfire, geflogen von Pilot Officer Samouelle vom 92 Squadron, abgeschossen und schwer verwundet.

Nach seiner Genesung übernahm er im Juli 1943 die Führung der I./JG 27 und führte die Gruppe in der Heimatverteidigung bis zum schicksalhaften Freitag im Mai 1944. Insgesamt erzielte er 43 bestätigte Luftsiege, alle gegen westliche Flugzeuge.

13

71. Messerschmitt Me 163 B-0

geflogen von Major Wolfgang Späte, EK 16,
Bad Zwischenahn, Deutschland, 13. Mai 1944.

Der 13. Mai 1944, als die 8th Air Force Öllager in Westpolen angriff, war der erste Tag, an dem die neuen Raketenjäger Me 163 eingesetzt wurden.

Wolfgang Späte war in der Vorkriegszeit einer der besten Segelflieger, und später wurde er mit 90 Luftsiegen zu einem erfolgreichen Jagdflieger. Er wurde zum Kommandeur des geheimen Eprobungskommandos EK 16 in Rechlin ernannt, das für die Versuche mit der Me 163 verantwortlich war.

Späte war derjenige Pilot, der den ersten Einsatz mit der Me 163 fliegen sollte. Als er am Morgen die Flugzeughalle betrat, sah er, daß seine Me 163 völlig rot gespritzt war. Das irritierte ihn, aber die Schuldigen, nämlich seine eigenen Mechaniker, erklärten ihm, es würde für den ersten Einsatz Glück bedeuten, wenn das Flugzeug genauso bemalt wäre wie Manfred von Richthofens berühmter Fokker-Dreidecker im Ersten Weltkrieg.

Aber die rote Farbe brachte Späte kein Glück. Zweimal versuchte er, zwei P-47 abzufangen, aber zweimal versagte der Raketenmotor der Me 163.

Daß die Einsatzfähigkeit der Me 163, um es vorsichtig auszudrücken, sehr begrenzt war, ist auch daran zu erkennen, daß Späte, der Testpilot der Me 163, seine Karriere als Jagdflieger in der Me 262 beendete und mit diesem Jagdflugzeug seine letzten fünf Abschüsse erzielte! Insgesamt hatte Späte 99 Luftsiege erzielt.

Anmerkung: Es konnte nicht mehr festgestellt werden, ob Spätes Me 163 nach dem Umspritzen dieselben Kennzeichen behielt.

72. Messerschmitt Bf 109 G-6/AS

geflogen von Feldwebel Horst Petzschler, 2./JG 3,
Magdeburg, Deutschland, Mai 1944.

Am 28. Mai 1944 starteten 1200 viermotorige Bomber der 8th Air Force, begleitet von fast 700 Jägern, zu einem Angriff auf die deutsche Ölindustrie. Gegen diese Armada traten 330 Fw 190 und Bf 109 als Verteidiger an, von denen 266 in Luftkämpfe verwickelt und 50 abgeschossen wurden. Zu den deutschen Jagdeinheiten in dieser Luftschlacht gehörte die I./JG 3 »Udet«. Führer der 2. Staffel war Oberleutnant Walter Brandt, ein erfahrener Veteran, der bei einem Abschuß über Nordafrika ein Bein verloren hatte.

Kurz nach 14 Uhr traf die I./JG 3 südlich von Magdeburg auf die Mustang-Begleitjäger, von denen vier abgeschossen wurden, während die Deutschen sechs Bf 109 verloren. Auch zwei von Brandts neuen Piloten, die Unteroffiziere Herdy und Spittler, fielen in diesem Kampf. Vier weitere Piloten konnten aussteigen und überlebten, einer davon war Feldwebel Horst Petzschler. Am 30. Mai verlor Petzschler seinen engen Freund Feldwebel Otto Byssow, der bei einem Abschuß fiel, während er Petzschlers persönliches Flugzeug, die rechts gezeigte Bf 109 G-6/AS flog. Petzschler selbst schoß während seiner Einsätze beim JG 3 je eine B-17 und B-24 sowie zwei P-51 Mustang ab.

BV 41
PK QL

14

73. Focke-Wulf Fw 190 A-8

geflogen von Oberstleutnant Josef Pips Priller, Stab/JG 26,
Rambouillet, Frankreich, 6. Juni 1944.

»Pips« Priller, kurzgewachsen und rundgesichtig, gehörte zu den bekanntesten deutschen Jagdfliegern – und zwar nicht nur wegen seiner berühmt sarkastischen Kommentare, die er über Funk abgab. Als er am 6. Juni 1944 mit seinem Rottenflieger die Invasionsküste der Normandie überflog, waren sie die einzigen deutschen Flugzeuge in diesem Gebiet, was Priller zu der Bemerkung veranlaßte: »Das ist der größte Augenblick in der Geschichte der Luftwaffe.«

Am zweiten Tag der Invasion schoß Priller je eine P-47 und P-51 ab, das waren seine Luftsiege Nr. 97 und 98. Am 11. Juni kam ihm eine P-38 in die Quere, und so kam das deutsche Flieger-As zu seinem 99. Abschuß. Den 100. Luftsieg errang Priller am 15. Juni, als er einen schweren amerikanischen Bomber abschoß. Alle diese Luftsiege erzielte er an der Westfront. Priller hat bei allen Luftkämpfen immer seinen klaren Kopf behalten, so daß er von vielen seiner Kameraden als der »Mathematiker der Luft« bezeichnet wurde.

74. Focke-Wulf Fw 190 A-6

geflogen von Major Erich Rudorffer, Stab II./JG 54,
Immola, Finnland, Juni 1944.

Rudorffer gehörte zu den besten Scharfschützen der Luftwaffe. Als Staffelkapitän der 6./JG 2 in Tunesien schoß er bei einem einzigen Einsatz am 9. Februar 1943 acht Flugzeuge der RAF ab, und als Kommandeur der II./JG 54 waren es an der Ostfront am 6. November 1943 innerhalb von 17 Minuten 13 sowjetische Flugzeuge. Zwischen 1940 und 1945 nahm Rudorffer an 302 Luftkämpfen teil, schoß dabei 222 feindliche Flugzeuge ab und wurde selbst nur 16-mal abgeschossen.

Hauptmann Erich Rudorffers II./JG 54 wurde im Juni 1944 ganz plötzlich zum karelischen Isthmus verlegt, um dort die Finnen gegen die Rote Armee zu unterstützen, die ihre große Sommeroffensive starteten, unterstützt von rund 2000 Flugzeugen.

Während der ersten 16 Tage dieser Schlacht hat Rudorffers II./JG 54, zusammen mit finnischen Piloten, nicht weniger als 523 russische Flugzeuge abgeschossen.

Jutta
13

75. Messerschmitt Bf 109 G-6

geflogen von Oberfeldwebel Elias Kühlein, 4./JG 51,
Radomir, Rumänien, Juni 1944.

Elias Kühlein diente seit Sommer 1942 bei der II./JG 51. Im Novmber 1942 wurde diese Einheit nach Tunesien verlegt, und die II./JG 51 schoß dort 121 alliierte Flugzeuge ab, aber auch 17 eigene Piloten fielen oder wurden schwer verwundet. Der Führer dieser Einheit, Gruppenkommandeur Hartmann Grasser, erzielte in dieser Zeit seine Luftsiege Nr. 93 bis 103, und dabei verdankte er Kühlein wahrscheinlich sein Überleben. Am 28. Dezember 1942 wurde Grasser in einen Kurvenkampf mit einer Gruppe von P-38 verwickelt. Wenn Kühlein nicht eingegriffen, eines der amerikanischen Flugzeuge abgeschossen und die anderen vertrieben hätte, dann wäre sein Gruppenkommandeur vermutlich abgeschossen worden.

Als Kühlein die abgebildete Bf 109 flog, lag die II./JG 51 gerade in Rumänien, um dort die Ölfelder gegen die Bombenangriffe der 15th Air Force zu verteidigen. Auch hier hatte der erfahrene Ostfront-Flieger Erfolg. In seinem ersten Luftkampf über Rumänien gegen die B-24 schoß die II./JG 51 am 5. April 1944 ohne eigene Verluste sechs Bomber ab. Und während der großen Angriffe im Sommer 1944 holte die Gruppe am 23. Juni sechs B-17 herunter, am 24. Juni waren es fünf B-24 und am 15. Juli sieben B-24, und dies alles ohne eigene Verluste.

Im September 1944 mußte sich die 6./JG 51, bei der Kühlein damals flog, mit Bf 109 der Rumänen auseinandersetzen, die sich auf die Seite der Russen geschlagen hatten.

An Weihnachten 1944 wurde Leutnant Kühlein zum Staffelkapitän der 6./JG 51 befördert. Damals hatte er 21 Luftsiege, und in den letzten Tagen des Krieges in Ungarn erzielte dieser Jagdflieger noch hervorragende Erfolge. Das Kriegsende erlebte er im JG 7, und er hatte in 600 Einsätzen 36 bestätigte Abschüsse.

76. Focke-Wulf A-8 Sturmjäger

11./JG 3, Illesheim, Deutschland, Juli 1944.

Die IV./JG 3 gehörte zu den Sturmjägergruppen, die mit schwer bewaffneten und gepanzerten Fw 190 ausgerüstet waren, geflogen von Piloten, die dazu aufgefordert waren, viermotorige Bomber zu rammen. Dies war der letzte verzweifelte Versuch der Luftwaffe, die vernichtenden Angriffe der alliierten Bomber gegen Deutschland aufzuhalten. Die Sturmjäger verbreiteten unter den amerikanischen Bomberbesatzungen zwar Angst und Schrecken, konnten die Bomberoffensive aber nicht aufhalten. Die Attacken der deutschen Sturmjäger gegen die Liberator der 445th Bombardment Group am 27. September 1944 beschrieb Roger A. Freeman in seinem Buch »The Mighty Eighth« mit folgenden Worten: »Nach drei Minuten war der Angriff vorbei ... Die Überlebenden beschrieben eine fantastische Szene, der Himmel war voll von Flugzeugen, Fallschirmen, Rauch und herabstürzenden Trümmern ... Außer den 236 Vermißten wurden aus einer beschädigten B-24, die die Rückkehr zu ihrer Basis geschafft hatte, ein Gefallener und 13 Verwundete herausgeholt.«

Die 30 Verluste der 445th waren die höchsten, die in der 8th Air Force jemals bei einem einzigen Einsatz hingenommen werden mußten. Es waren nur zehn einsatzfähige B-24 übriggeblieben, die am nächsten Tag einen Angriff auf Kassel flogen.

7

13

77. Messerschmitt Me 163 B-1

geflogen von Leutnant Hartmut Ryll, 1./JG 400,
Brandis, Deutschland, 16. August 1944.

Ende Juli war die mit Me 163 ausgerüstete I./JG 400 auf dem Fliegerhorst Brandis einsatzklar. Die erste Feindberührung gab es am 5. August 1944, als zwei Me 163 drei P-51 der 352nd Fighter Group angriffen und abschossen. Aber nachdem die amerikanischen Piloten die Schwächen des Raketenjägers kannten, konnten sie diese neue Bedrohung neutralisieren.

Leutnant Hartmut Ryll von der 1./JG 400 startete am 16. August mit seiner Me 163 gegen eine große Formation amerikanischer Bomber, die nach ihren Angriffen gegen die synthetischen Benzinraffinerien in Zeitz, Böhlen und Rositz wieder zu ihren Stützpunkten zurückkehrten. Er nahm sich einen Nachzügler vor, die B-17 »Outhouse Mouse« der 91. Bomb Group, die bei einem Blitzangriff der Sturmjäger von der IV./JG 3 gerade sechs Bomber verloren hatte. Leutnant Ryll gab um 10 Uhr 50 per Funk durch: »Habe Fortress mit 30 mm Kanone tödlich getroffen«. In Wirklichkeit konnte der Fortress-Pilot Lieutenant Reese »Moon« Mullins eine scharfe Kurve einleiten, so daß ihn die Geschoßgarben verfehlten. Zwei P-51 Mustang der 369th Fighter Group, geflogen von Cyril Jones (ein As mit sechs Luftsiegen) und John Murphy, stießen aus großer Höhe mit mehr als 700 km/h bis auf Schußdistanz herunter und deckten die Me 163 mit ihren Geschoßgarben ein. Der tödlich verwundete Hartmut Ryll stürzte um 10 Uhr 52 im senkrechten Sturzflug ab.

78. Focke-Wulf Fw 190 A-8/R2

geflogen von Hauptmann Wilhelm Moritz, Stab IV./JG 3,
Schongau, Deutschland, August 1944.

Wilhelm Moritz wurde im Frühjahr 1940 von der II./ZG 1 zur II./JG 77 versetzt, nahm an der Invasion Norwegens teil und führte später die 6./JG 77. Im Januar 1941 wurde er verantwortlich für die EinsSt/JFS 4 in Deutschland, und als im März 1942 die Reichsverteidigung aufgestellt wurde, organisierte er die II./JG 1. Nach kurzer Zeit wurde er zum Stab II./JG 51 an die Ostfront versetzt und führte dort zwischen Oktober 1942 und Oktober 1943 die 12./JG 51. In dieser Zeit schoß er 20 sowjetische Flugzeuge ab. Im Oktober 1943 kam er als Staffelkapitän der 6./JG 3 »Udet« wieder zur Reichsverteidigung zurück.

Im April 1944 wurde die IV./JG 3 zur ersten Sturmgruppe, und Hauptmann Wilhelm Moritz wurde ihr erster Kommandeur.

Die Sturmjäger waren ausgerüstet mit schwer gepanzerten und bewaffneten Fw 190 A-8/R2. Bei ihren Einsätzen sollten sie direkt in das Abwehrfeuer der alliierten viermotorigen Bomber fliegen und sie auf kurze Distanz mit ihren schweren Kanonen zerstören. Die Sturmjäger mußten sogar einen Eid schwören, daß sie bei jedem Einsatz, der zur Feindberührung führt, den Gegner auf nächste Distanz angreifen und notfalls durch Rammen zerstören. Diese Angriffstaktik forderte auf beiden Seiten einen schrecklichen Blutzoll. Am 5. Dezember 1944 wurde Moritz wegen eines Nervenzusammenbruchs vom Kommando der IV./JG 3 abgelöst und zur Reserveeinheit IV./E.JG 1 versetzt.

Die Zahl seiner Luftsiege ist nicht genau bekannt – einige Quellen sprechen von 54 Abschüssen, darunter 25 viermotorige Bomber, einschließlich der Herausschüsse.

163100
11

681382

79. Messerschmitt Bf 109 G-6

geflogen von Oberleutnant Erich Hartmann, 9./JG 52,
Baranov, Rußland, 24. August 1944.

Im Jahr 1944 hatte die Luftwaffe sogar an der Ostfront ihre Luftüberlegenheit verloren. Die sowjetischen Luftstreitkräfte hatten die Deutschen an Quantität schon lange übertroffen, aber nun holten sie gegenüber den Deutschen auch an Qualität auf. Im Juli 1944 meldeten die Russen die Zerstörung von 630 deutschen Flugzeugen. Auch wenn diese Zahl wohl übertrieben ist, so waren die Verluste auf deutscher Seite doch sehr hoch. Aber einzelne deutsche Piloten erzielten weiterhin Erfolge an der Ostfront. Dies hing nicht nur von der Qualität des Piloten ab, sondern auch von der Taktik und von der Zahl der Abschußmöglichkeiten.

Die von den Deutschen benutzte Taktik war die sogenannte »Freie Jagd«, die oft aus einem Niederstoßen mit hoher Geschwindigkeit auf russische Jagd- und Erdkampfflugzeuge bestand, gefolgt von einem schnellen Rückzug zum Stützpunkt. Diese Taktik zeigte Erfolg und führte zu einer großen Zahl von Luftsiegen bei relativ geringen eigenen Verlusten.

Mit diesem Flugzeug nahm Oberleutnant Erich Hartmann am 24. August 1944 an zwei Einsätzen teil und schoß dabei elf sowjetische Flugzeuge ab, das waren seine Luftsiege Nr. 291–301.

80. Messerschmitt Me 163 B-1

geflogen von Oberfeldwebel Jupp Mülstroh, 2./JG 400,
Brandis, Deutschland, 5. Oktober 1944.

Die Me 163 erwies sich als komplette Enttäuschung. Als die I./JG 400 in Brandis aufgestellt wurde, um die Ölraffinerien von Leuna zu schützen, verbanden sich damit große Hoffnungen. Aber die Me 163 hatte mit nur acht bis zehn Minuten Flugdauer eine viel zu kurze Einsatzzeit, und außerdem litt die Kanone MK 108 an häufigen Ladehemmungen. Die I./JG 400 konnte nicht verhindern, daß die Raffinerien von Leuna am 24. August 1944 völlig zerstört wurden. Am 7. Oktober 1944 flogen die Me 163 der I./JG 400 wieder gegen Formationen von B-17 und P-51. Nur zwei B-17 konnten abgeschossen werden, und dabei fielen zwei deutsche Piloten, einer wurde verwundet. Zwei weitere Me 163 wurden abgeschossen, aber die Piloten konnten überleben.

Bis Ende des Krieges hatte die I./JG 400 nur neun amerikanische Bomber abgeschossen.

1
166221

18

81. Messerschmitt Bf 109 G-10

geflogen von Feldwebel Eberhard Gzik, 2./JG 300,
Borkheide, Deutschland, Oktober 1944.

Im Herbst 1944 flog die I./JG 300, geführt von Hauptmann Gerhard Stamp, für die II.(Sturm)/JG 300 Jagdschutz gegen die amerikanischen Jäger. Dabei hatten die Piloten der Bf 109 wechselnden Erfolg.

Mittwoch, der 13. September 1944, war ein schwarzer Tag für das JG 300. Zwischen der Rhön und dem Thüringer Wald gerieten die deutschen Jäger in einen heftigen Kurvenkampf mit P-51 Mustang. Als der Kampf vorüber war, hatte das JG 300 zwar 16 amerikanische Jäger abgeschossen, dabei aber 36 Bf 109 und Fw 190 verloren. Einer der Piloten der I./JG 300, Leutnant Neumann, fiel in diesem Kampf, sechs weitere wurden verwundet. Keine der Bf 109 kam unbeschädigt zurück!

Noch schlechter verlief der 2. November. Die Bf 109 der I./JG 300 standen an diesem Tag auf ihrem Fliegerhorst bei Borkheide und wurden völlig überraschend von Mustangs angegriffen. Die meisten der deutschen Jagdflugzeuge wurden am Boden zerstört.

Feldwebel Eberhard Gzik flog gegen Ende des Krieges die Me 262 und hatte drei Abschüsse.

Anmerkung: Eine der Tarnfarben auf der Oberseite dieser Bf 109 G-10 ist eine Werksmischung der Farben 70 und 74, zusammen mit der Farbe 75.

82. Focke-Wulf Fw 190 A-8/R2

geflogen von Hauptmann Klaus Bretschneider, 5./JG 300,
Erfurt, Deutschland, Oktober 1944.

Im Herbst 1944 führte Leutnant Klaus Bretschneider die 5. Staffel der II. (Sturm)/JG 300 – aber nur am Boden! In der Luft war er der Führer der II./JG 300 und gelegentlich sogar für alle Gruppen des JG 300. Bretschneider gehörte zu den mutigsten Sturmjägern, er pflegte zu sagen: »Wenn ich zum Oberleutnant befördert werde, dann bin ich schon tot.«

Am 7. Oktober griff Bretschneider eine Gruppe von B-17 an, schoß bei einem Anflug zwei Bomber ab und rammte einen weiteren. Er wurde später an seinem Fallschirm an einem Baum über der Kante einer acht Meter tiefen Schlucht hängend unverletzt gefunden.

Bretschneider wurde zu einer Legende. Bis zum November 1944 hatte er bei nur 26 Einsätzen 31 Feindflugzeuge abgeschossen, meistens viermotorige Bomber! Aber wegen der eingeschränkten Wendigkeit der stark gepanzerten Fw 190 litten die Sturmjäger am sogenannten Mustang-Komplex. Am 24. Dezember 1944 wurden Klaus Bretschneider und viele seiner Kameraden von den P-51 abgeschossen und fielen im Luftkampf.

Anmerkung: Man beachte das Band der Reichsverteidigung des JG 300 im typischen Rostrot.

490642
Rita
2

682204
1

83. Messerschmitt Bf 109 G-14/AM

geflogen von Hauptmann Erich Hartmann, 6./JG 52,
Deutsch Brod, Tschechoslowakei, 27. Oktober 1944.

Nach dem Attentat vom 20. Juli 1944 wurden die Sicherheitsvorkehrungen in Hitlers Hauptquartier rigoros verschärft. Als Erich Hartmann im August 1944 von Hitler die Diamanten zum Ritterkreuz mit Eichenlaub und Schwertern überreicht werden sollten, wurde er beim Betreten des Hauptquartiers aufgefordert, seine Dienstpistole abzugeben, aber da ging mit dem 22 Jahre alten Hauptmann das jugendliche Temperament durch: »Wenn das so ist, dann sagen Sie Hitler, daß ich auf seine Diamanten verzichte.«

Als er dann doch mit Hitler zusammentraf, konnte er sich nicht enthalten, die schweren Verluste an Menschenleben in der Luftwaffe zu kritisieren: »Zu mir kommen viele junge Männer mit weniger als 60 Stunden Flugerfahrung, die meist sofort fallen. Ich glaube, daß dafür die deutsche Propaganda verantwortlich ist!«

Als Hartmann Ende Oktober an die Front zurückkehrte, hatte das JG 52 weitere 25 Piloten verloren – ein Viertel ihrer ursprünglichen Stärke.

Als Hauptmann und Führer der 6./JG 52 schoß er am 27. Oktober 1944 weitere fünf russische Flugzeuge ab und damit stieg die Zahl seiner Luftsiege auf 306.

Wegen der Bemalung der Nase seiner Messerschmitt Bf 109 bekam Hartmann von seinen sowjetischen Gegnern den Spitznamen »Schwarzer Teufel«. Das sowjetische Oberkommando setzte sogar einen Preis von 10 000 Rubel für denjenigen sowjetischen Piloten aus, der es schaffen sollte, den »Schwarzen Teufel« abzuschießen und zu töten.

84. Focke-Wulf Fw 190 A-8

geflogen von Oberstleutnant Walther Dahl, Stab/JG 300,
Löbnitz, Deutschland, November 1944.

Am Ende des Krieges fand das Nazi-Oberkommando in der alten Garde der Jagdwaffe nicht mehr viele, denen zu trauen war. Zu den wenigen, die loyal geblieben waren, gehörte Walther Dahl, der Führer der Sturmgruppen. Als Adolf Galland in Ungnade gefallen und seines Kommandos als General der Jagdflieger enthoben war, holte Göring am 26. Januar 1945 seine letzten Vertrauten zusammen, die in Karinhall über die aktuelle Situation informiert wurden. Einer davon war der Führer des Sturmjagdgeschwaders JG 300, Walther Dahl. Seine »Sturmgruppe« war damals schon völlig vernichtet. Am 17. Dezember 1944 hatte das JG 300 während der Ardennen-Offensive 23 Flugzeuge verloren.

Aber der Kampfgeist von Walther Dahl blieb ungebrochen. Bei der Besprechung in Karinhall wandte sich Göring zu Walther Dahl und sagte: »Von jetzt an sind Sie der Inspekteur der Jagdflieger«.

Mit diesem Kommando beendete »Rammdahl« den Krieg, und diese Entscheidung hat diesem Draufgänger möglicherweise das Leben gerettet, der in seiner Zeit bei der Reichsverteidigung 30 »Viermots«, vier P-38, acht P-51, zwei P-47 und eine Spitfire abgeschossen hatte. Ende des Krieges flog Dahl die Me 262 und schoß damit weitere sechs Viermots der USAAF ab. Walther Dahl hatte insgesamt 128 bestätigte Luftsiege. Er starb am 25. November 1985 im Alter von 69 Jahren.

1

13

85. Messerschmitt Me 262 A-1a

geflogen von Major Walter »Nowi« Nowotny, Kommando Nowotny,
Achmer, Deutschland, 8. November 1944.

Am Mittwoch, dem 8. November, inspizierte General Adolf Galland das mit Me 262 ausgerüstete »Kommando Nowotny«, das in Achmer lag. Galland war beunruhigt über die mageren Ergebnisse dieser ersten, mit dem Düsenjäger ausgerüsteten Jägereinheit. Der 23-jährige Nowotny war schließlich nur wegen seiner Luftkampferfolge zum Führer dieser Einheit ernannt worden. Aber es mangelte ihm offenbar an den nötigen Führungsqualitäten.

Alles in allem konnte das »Kommando Nowotny« nur 18 Feindflugzeuge abschießen und verlor dabei aber 26 Me 262, meistens durch Unfälle. Am Tag seines Besuches forderte Galland Nowotny auf, die Einsätze vom Boden aus zu führen. Damit fühlte sich Nowotny aber in seinen Gefühlen getroffen. Er ignorierte diesen Befehl einfach, und als der Anflug von Bombern gemeldet wurde, sagte er zu Galland: »Herr Galland, es tut mir leid, aber ich werde fliegen und Ihnen beweisen, daß wir immer noch Erfolge erzielen können!« Er startete, obwohl seine Me 262 Triebwerksprobleme hatte, und konnte zwei B-24 abschießen. Seine letzten Worte über Funk lauteten: »Ich brenne, mein Gott, mein Gott!« Seine Me 262 stürzte senkrecht ab – das war das Ende des »Kommandos Nowotny«.

86. Focke-Wulf Fw 190 A-8/R2

geflogen von Unteroffizier Paul Lixfeldt, 6./JG 300
Löbnitz, Deutschland, November 1944.

Viele falsche Schilderungen und Mythen umranken immer noch die Sturmjäger der Luftwaffe. So wurden sie fälschlicherweise als die »deutschen Kamikaze« bezeichnet, aber die Taktik der Sturmjäger war alles andere als eine Blitzangriff: Es war ein langsamer Formationsanflug von hinten. In seinen Memoiren nannte Walter Dahl, Geschwaderkommodore der Sturmjagdgeschwader, weitaus übertriebene Abschußzahlen, die bei den späteren Nachforschungen große Verwirrung stifteten. So hatten die Sturmgruppen der Geschwader JG 3, JG 4 und JG 300 am 11. September 1944 den Abschuß von 33 schweren Bombern und elf Jägern gemeldet, während Dahl Abschüsse von 95 Bombern und 72 Jägern behauptete.

Wegen ihrer verwegenen Taktik erlitten die deutschen Sturmjäger im Jahr 1944 extrem hohe Verluste. Die Lebenserwartung ihrer Piloten lag bei kaum einem halben Dutzend Einsätzen. Am 11. September 1944 verlor die II./JG 300 zwölf ihrer FW 190, und während der beiden Einsatztage am 27. und 28. September 1944 verlor das JG 300 weitere 16 Piloten, viele andere wurden verwundet.

Am 2. November 1944, dem »schwarzen Tag« der Luftwaffe, konnten die Sturmgruppen zwar 30 viermotorige Bomber abschießen, verloren dabei aber die Hälfte ihrer 60 Flugzeuge. Bei den Tiefangriffen während der Ardennen-Offensive an Weihnachten 1944 verlor allein die II./JG 300 17 Fw 190. Insgesamt wurden an diesem Tag 139 deutsche Jagdflugzeuge abgeschossen.

Während der letzten großen Luftschlacht zwischen der Luftwaffe und der 8th Air Force am 14. Januar 1945 wurden acht schwere Bomber und zehn Jagdflugzeuge abgeschossen, während das JG 300 und JG 301 89 Flugzeuge verloren.

Die Mustangs der 357th Fighter Group schossen 56 Jagdflugzeuge des JG 300 ab und verloren dabei nur drei ihrer eigenen Flugzeuge. Schließlich wurde die II./JG 300 bei den Einsätzen während der Rheinüberquerung der Alliierten am 24. März 1945 von den Mustangs der 353th Fighter Group fast völlig vernichtet, wobei zwei der amerikanischen Piloten je fünf Fw 190 abschossen. Unteroffizier Paul Lixfeldt, der in seiner kampferprobten Fw 190 Sturmjäger flog, erzielte zwei bestätigte Luftsiege.

8
110400

12

87. Messerschmitt Bf 109 G-10

geflogen von Hauptmann Franz Wienhusen, Stab IV./JG 4,
Finsterwalde, Deutschland, November 1944.

Franz Wienhusen war seit Juni 1941 Kommandeur der 3./JG 77 (später 3./JG 5) an der arktischen Front, und zwischen November 1942 und Mai 1944 führte er an derselben Front die 5./JG 5. Während des Frühsommers 1944 erhielten Wienhusen und seine II./JG 5 den Befehl, in die Kämpfe in der Normandie einzugreifen, und im Spätsommer und Herbst 1944 flogen sie in der Reichsverteidigung über Deutschland.

Bei Einsätzen gegen die B-17 der USAAF verlor die Luftwaffe im Juli und August 1944 insgesamt 630 Flugzeuge, und dazu gehörten auch 30 Bf 109 der II./JG 5, das dabei auch 28 Piloten verlor. Nach einem erfolglosen Einsatz der II./JG 5 gegen die Bomber der 15th Air Force am 16. Oktober, als der Verlust von drei Bf 109 hingenommen werden mußte, wurde diese Einheit zur IV./JG 4 umorganisiert. Während ihres ersten Einsatzes am 2. November, geführt von Hauptmann Wienhusen, verlor das JG 4 21 Flugzeuge, und 14 Piloten fielen, einschließlich fünf der IV. Gruppe.

Am 3. Dezember 1944 erhielten die I. und IV./JG 4 den Befehl, die Bodentruppen bei Aachen mit Tiefangriffen gegen feindliche Stellungen zu unterstützen. 16 der Piloten kehrten von diesem Einsatz nicht mehr zurück, einer davon war Hauptmann Walter Wienhusen, der insgesamt zwölf Luftsiege hatte.

88. Messerschmitt Bf 109 K-4

geflogen von Hauptmann Mentzel, 9./JG 77,
Neuruppin, Deutschland, November 1944.

Im Herbst 1944 wurden einige der Jagdeinheiten der Luftwaffe mit der Bf 109 K-4 ausgerüstet, dem neuesten Modell der berühmten Messerschmitt-Jäger. Doch auch die Bf 109 K-4 konnte trotz ihrer guten Leistung die mangelnde Ausbildung der deutschen Piloten nicht ausgleichen. Als die 9./JG 77 im November 1944 neu oganisiert und mit den Bf 109 K-4 ausgerüstet wurde, war Hauptmann Mentzel zu deren Staffelkapitän ernannt worden, und in dieser Position blieb er bis Kriegsende. Im Dezember 1944 leistete die 9./JG 77 während der Ardennen-Offensive Luftunterstützung für die Bodentruppen, und ab Januar 1945 wurde sie an der Ostfront eingesetzt. Am 3. Februar flog sie einen Angriff über Schlesien. Unteroffizier Buck schoß eine Sturmovik ab, Gruppenkommandeur Armin Köhler eine Pe-2 und Hauptmann Mentzel eine weitere Sturmovik.

Anmerkung: Dieses Flugzeug hatte eine neue Tarnbemalung, die an der Oberseite aus den beiden Farben 81 Braunviolett und 82 Dunkelgrün bestand. Die Farbe an der Unterseite des Rumpfes ist interessant, weil sie die Grundfarbe der gepanzerten Fahrzeuge darstellte. Möglicherweise haben die beiden Waffengattungen dieselben Farbvorräte benutzt.

C3
21

67
1

89. Focke-Wulf Fw 190 A-8

geflogen von Leutnant Viktor Heimann. 8./JG 300,
Finsterwalde, Deutschland, Dezember 1944.

Die 8./JG 300, zu der Leutnant Viktor Heimann gehörte, war im August 1943 zunächst als Nachtjägereinheit »Wilde Sau« aufgestellt worden, die mit einmotorigen Jagdflugzeugen gegen die britischen Bomber eingesetzt wurde. Die Taktik der »Wilden Sau« erwies sich von Anfang an als Erfolg, als im Juli 1943 bei den drei Angriffswellen der Briten gegen Hamburg 70 Bomber abgeschossen werden konnten. Während der nächsten sechs Monate konnten die Einheiten der »Wilden Sau« fast 400 britische Bomber abschießen, das war mehr als ein Drittel der Abschüsse, die die gesamte deutsche Nachtjagd in dieser Zeit erzielte.

Aber Ende 1944 waren diese Erfolge schon Geschichte. Auch nachdem die Verluste an Menschen und Maschinen der Luftwaffe durch einen erstaunlich hohen Nachschub an neuen Flugzeugen und an jungen Piloten ausgeglichen werden konnten, war die Luftwaffe in einem miserablen Zustand, was die Qualität der Piloten betraf. Bei den Luftschlachten über der Westfront und über Deutschland im Dezember 1944 mußten die Jagdeinheiten ihre insgesamt 552 Luftsiege mit dem Verlust von 1124 Flugzeuge bezahlen.

Leutnant Viktor Heimanns Flugzeug trug am Hinterrumpf das neue blau-weiße Band des JG 300 der Reichsverteidigung. Leutnant Heimann hat während des Krieges nur einen Abschuß erzielt.

90. Messerschmitt Bf 109 G-14

3./JG 77, Dortmund, Deutschland, Dezember 1945.

Im Sommer 1944 wurde die I./JG 77 von Italien nach Deutschland verlegt, nachdem sie zwei Jahre lang unter immer größeren Schwierigkeiten im Mittelmeerraum eingesetzt worden war. Im Dezember 1944 nahm die I./JG 77 an der Unterstützung der Ardennen-Offensive teil.

Am Neujahrstag 1945 flog das JG 77 »Herz-As« Einsätze bei der Operation »Bodenplatte«, den massiven Tiefangriffen gegen alliierte Luftstützpunkte an der Westfront. Dabei führte die I. Gruppe einen völlig erfolglosen Angriff gegen den Flugplatz Woensdrecht in Holland, der von den Spitfires der 132 RAF Wing abgewehrt werden konnte. Andererseits mußte das JG 77 im Gegensatz zu anderen Luftwaffengruppen an diesem Tag nur vier Verluste hinnehmen, davon wurden zwei von der eigenen Flak abgeschossen.

Die in der Abbildung dargestellte Messerschmitt BF 109 G-14 wurde im Frühsommer 1945 in einem Kornfeld gefunden. Es gibt keine Informationen darüber, wann dieser Jäger abgeschossen wurde oder von wem er geflogen wurde. Das weiß-grüne Band der Reichsverteidigung am Rumpf wurde ab Dezember 1944 von den Flugzeugen des JG 77 getragen. Am 19. Januar 1945 wurde die I./JG 77 an die Ostfront verlegt. Das Flugzeug muß also zwischen diesen beiden Daten abgeschossen worden sein – möglicherweise am 23. Dezember 1944, als die I./JG 77 13 Bf 109 G verlor, oder am 24. Dezember 1944, als 16 Bf 109 G von amerikanischen Jägern abgeschossen wurden.

4

512429
10

91. Focke-Wulf Fw 190 D-9

geflogen von Hauptmann Robert »Bazi« Weiss, Stab IV./JG 54, Varrelbusch, Deutschland, 29. Dezember 1944.

Im Herbst 1944 wurde die neue, verbesserte Focke-Wulf Fw 190 D-9 »Dora« eingeführt, die auch den Spitznamen »Langnase« erhielt. Mit der D-9 hatten die deutschen Jagdflieger ein Flugzeug, das sich sehr gut mit den Höhenleistungen der amerikanischen Jäger messen konnte.

Die deutschen Piloten, meistens mit sehr begrenzter Kampferfahrung, mußten sich nun erst an die neue Silhouette der Fw 190 D gewöhnen, und das war ein großes Problem! Als die II./JG 26 am Weihnachtsabend 1944 mit ihren neuen Jagdflugzeugen über Düsseldorf ihren zweiten Einsatz flog, wurde eine Rotte von Fw 190 D der 6./JG 26 plötzlich von einer einzelnen Bf 109 angegriffen. Am Steuer dieser Bf 109 saß Fähnrich Andiel von der 9./JG 1, einer der jungen und arroganten Piloten, die von der Hitlerjugend kamen, wie sie damals die ganze Luftwaffe überschwemmten. Obwohl die Fw-190-Piloten Erkennungsmunition abschossen, wurden sie von Andiel gnadenlos verfolgt und abgeschossen. Einer der Focke-Wulf-Piloten, Siegfried Benz (sechs Luftsiege), wurde dabei getötet. Andiel flog nach diesem Sieg einen Looping über seinem Platz, aber nach der Landung wurde er sofort festgenommen.

Aber nicht nur von den eigenen Messerschmitts wurden die »Langnasen« abgeschossen. Nachdem die III./JG 54 völlig auf dieses neue Flugzeug umgerüstet hatte, wurde sie bei einem einzigen Einsatz im Dezember 1944 an der Westfront fast völlig vernichtet.

Diese Gruppe wurde von Hauptmann Robert »Bazi« Weiss geführt, einem Jäger-As mit 121 Abschüssen. Unter seinem Kommando wurde die III./JG 54 zur erfolgreichsten deutschen Jägereinheit an der Invasionsfront und konnte dabei im Juni und Juli 1944 mehr als 150 alliierte Flugzeuge abschießen.

Am 29. Dezember 1944 wurde Weiss mit seiner Einheit von der Leitstelle irrtümlich in eine zu niedrige Höhe gewiesen, und dabei geriet er unter das Feuer vieler Spitfires und Typhoons, die ihn aus großer Höhe angriffen. Zu den Gefallenen gehörte auch »Bazi« Weiss. Einer der Überlebenden dieses Massakers wurde mit dem Kriegsgericht bedroht.

92. Focke-Wulf Fw 190 D-9

geflogen von Oberleutnant Waldemar Radener, 7./JG 26, Nordhorn-Clausheide, Deutschland, 14. Januar 1945.

Nachdem er am 24. Februar 1944 eine B-24 über Deutschland abgeschossen hatte, ging Waldi Radener die Munition aus, gerade als er von einer P-51 angegriffen wurde. Sieben lange Minuten versuchte Radener, den Attacken des amerikanischen Jägers zu entkommen und rief über Funk verzweifelt nach Unterstützung. Plötzlich geschah das Unerwartete: Der Motor der Mustang überhitzte und begann heftig zu qualmen. Erstaunt beobachtete Radener, wie sein Gegner aufgeben und aussteigen mußte! Minuten später landete der deutsche Jagdflieger auf seinem Fliegerhorst – mit dem letzten Tropfen Treibstoff.

Insgesamt hat Oberleutnant Waldemar Radener 36 britische und amerikanische Flugzeuge abgeschossen, einschließlich 16 viermotorige Bomber, von denen er am 11. Mai 1944 eine rammte. Drei weitere Abschüsse von viermotorigen Bombern konnten allerdings nicht bestätigt werden.

Radener kam am 8. Januar 1957 bei einem Flugunfall nahe Schongau ums Leben und wurde damit das erste Opfer der neuen Bundesluftwaffe.

Anmerkung: Diese Dora 9, die »Braune 10«, konnte nicht eindeutig als das von Waldemar Radener geflogene Flugzeug identifiziert werden.

210080
10

10

93. Focke-Wulf Fw 190 D-9

geflogen von Oberstleutnant Josef Priller, Stab/JG 26,
Fürstenau-Handrup, Deutschland, Januar 1945.

Wahrscheinlich war die »Langnase« das letzte Flugzeug, mit dem »Pips« Priller einen Kampfeinsatz flog, bevor er zum Inspekteur der Jagdflieger an der Westfront ernannt wurde.

Insgesamt hat Priller im Laufe des Zweiten Weltkriegs 307 Einsätze geflogen. Er schoß 101 Flugzeuge der Westalliierten ab: 68 Spitfire, elf Hurricanes, acht B-17 Flying Fortress, drei B-24 Liberator, drei Blenheims, zwei P-47 Thunderbolt, zwei P-51 Mustangs, eine Curtiss P-36, eine P-38 Lightning, eine Ventura und eine B-26 Marauder. Nach dem Krieg verglich das berühmte RAF-As »Johnnie« Johnson jeden der von Priller beanspruchten Luftsiege mit den aktuellen britischen und amerikanischen Verlustlisten und konnte alle voll bestätigen.

Nach Ende des Krieges übernahm Priller die Leitung der Brauerei seiner Familie. Er starb am 20. Mai 1961 an einem Herzanfall.

Anmerkung: Diese Dora 9 wurde von den amerikanischen Truppen erbeutet, und alle nationalen Kennzeichen und individuellen Embleme wurden übermalt. Das Flugzeug wurde als »Weiße 14« bezeichnet, was die Autoren bezweifeln, da man durch die Übermalung zwei waagrechte Balken mit einer dunkelfarbenen Nummer 14 erkennen konnte. Diese Originalmarkierungen in Schwarz kennzeichnen die Stabsmaschinen des JG 26. Auch eine übermalte Stelle unter dem Cockpit (das könnte Prillers Jutta sein) läßt den – sicher etwas spekulativen – Schluß zu, daß es sich tatsächlich um das letzte Flugzeug handelt, das Geschwaderkommodore Josef Priller geflogen hat.

94. Focke-Wulf Fw 190 D-9

geflogen von Major Gerhard Barkhorn, Stab/JG 6,
Sorau, Deutschland, Februar 1945.

Als Barkhorn am 31. Mai 1944 Begleitschutz für Rudels panzerjagende Stukas flog, hatte er bereits 273 Abschüsse. Er suchte nach einer Chance, nun auch noch die magische Zahl von 275 Luftsiegen zu erreichen, aber in seinem Eifer übersah er, daß hinter ihm schon sowjetische Jäger hingen. Dieser Fehler kostete den 24 Jahre alten Barkhorn viele Monate im Lazarett.

Nachdem er am 5. Januar 1945 seinen 301. Luftsieg erzielt hatte, war Major Gerhard Barkhorn völlig erschöpft. Nach einer kurzen Zeit als Kommandeur des JG 6 wurde er in das »Jagdfliegerheim« nahe Tegernsee geschickt, einem bekannten Abstellplatz für die verbrauchten Helden der Luftwaffe. Johannes Steinhoff holte ihn von dort zum JV 44, wo für Barkhorn der Krieg mit einem Unfall endete. 1955 trat Barkhorn in die neue deutsche Luftwaffe ein und stieg bis zum Generalmajor auf. Am 6. Januar 1983 kam General Barkhorn mit seiner Frau bei einem tragischen Verkehrsunfall ums Leben.

211016
14

95. Messerschmitt Bf 109 K-4

geflogen von Leutnant Günther Landt, 11./JG 53,
Kirrlach, Deutschland, 22. Februar 1945.

Bei den »Clarion«-Missionen setzten die Alliierten am 23. Februar 1945 rund 9000 Flugzeuge ein. Dabei stießen die Messerschmitt-Jäger der III./JG 53 im Raum Pforzheim-Bretten auf eine große Zahl von Thunderbolts und Mustangs. Der deutsche Pilot Oberleutnant von Vacano meldete den Abschuß von zwei amerikanischen Jägern, aber es gingen auch mindestens sechs Bf 109 verloren. Eine davon, die »Gelbe 1«, geflogen von Leutnant Landt, stieß mit einer Mustang zusammen. Günther Landt gehörte zu der alten Garde der III./JG 53, bei der er schon in der Schlacht von El Alamein kämpfte. Er konnte unverletzt aussteigen und war schon bald wieder im Einsatz.

Landt überlebte den Krieg mit 22 bestätigten Luftsiegen. Die Piloten des JG 53 »Pik As« hatten insgesamt 4100 Abschüsse, aber dabei gab es auch 1140 Gefallene, Verwundete und Vermißte.

96. Focke-Wulf Ta 152 H-1/R11

geflogen von Oberfeldwebel Josef »Jupp« Keil, Stab/JG 301,
Sachau, Deutschland, 1. März 1945.

Die letzte Version der Fw 190 war die Ta 152, ein äußerst leistungsfähiges Jagdflugzeug, das den meisten – wenn nicht allen – alliierten Jagdflugzeugen überlegen war.

Oberfeldwebel »Jupp« Keil gehörte zu den Luftwaffenpiloten, die die Chance bekamen, in den letzten Kriegswochen diesen neuen Jäger zu fliegen. Aber wegen der Treibstoffknappheit konnten die zum Einsatz mit der Ta 152 vorgesehenen Piloten nur eine sehr kurze und mangelhafte Ausbildung auf dem neuen Flugzeug absolvieren. Die meisten bekamen vor ihrem ersten Einsatz einen Einweisungsflug von nur 20 Minuten. »Jupp« Keil schaffte es aber, drei Einweisungsflüge von insgesamt 80 Minuten Dauer zu fliegen, bevor er am 7. Februar 1945 zu seinem ersten Einsatz in der Ta 152 startete.

Bis Ende März 1945 wurden nur wenige Ta 152 gebaut, und nur der Stabsschwarm des JG 301 war mit diesem neuen Focke-Wulf-Flugzeug ausgerüstet. Am 1. März 1945 schoß Oberfeldwebel Josef »Jupp« Keil in seiner Ta 152 eine P-51 ab, und am 10. April griff er 15 P-47 an, schoß eine davon ab und konnte unbehelligt entkommen. Insgesamt hatte er zehn Luftsiege, davon fünf mit der Ta 152.

97. Messerschmitt Me 262 A-1a

geflogen von Major Rudolf »Rudi« Sinner, Stab III./JG 7,
Brandenburg-Briest, Deutschland, 7. März 1945.

Am 4. April 1945 starteten 35 Me 262 des JG 7 gegen eine Formation von 1000 alliierten Bombern, begleitet von 800 Jägern, die deutsche Flugplätze angreifen wollten. In den folgenden Luftkämpfen schossen die Düsenjäger-Piloten sieben Bomber und zwei Begleitjäger ab, aber dabei fielen fünf deutsche Piloten, drei weitere wurden verwundet, und es wurden acht Me 262 zerstört und 23 beschädigt.

»Rudi« Sinner, ein Veteran, der schon mit Marseille in Nordafrika gekämpft hatte, wurde von Captain Kirke B. Everson der 339th Fighter Group abgeschossen. Er wurde am Fallschirm von Mustangs beschossen, konnte aber überleben.

Major Rudolf Sinner erzielte insgesamt 39 bestätigte Luftsiege, davon zwei mit der Me 262.

98. Messerschmitt Bf 109 G-14

7./JG 52, Veczprém, Ungarn, März 1945.

Die wachsende Leistungsfähigkeit der sowjetischen Luftstreitkräfte kann man an den Verlusten der Luftwaffe ablesen, die sie an der Ostfront erlitten hat. Im Januar und Februar 1945 wurden mindestens 711 Messerschmitt Bf 109 und Focke Wulf Fw 190 abgeschossen (sowohl Jabos als auch Jäger), während die deutschen Jagdflieger weniger als 900 Luftsiege erzielten.

Die 7./JG 52 gehörte zu den Luftwaffeneinheiten, die am 6. März 1945 die letzte deutsche Offensive gegen die Rote Armee in Ungarn unterstützten. Aber die Deutschen standen schon auf ziemlich verlorenem Posten, sowohl in der Luft wie auch am Boden. Während der ersten fünf Tage der deutschen Offensive flogen die sowjetischen Luftstreitkräfte 13 500 Einsätze, verglichen mit 3 576 Einsätzen der Luftwaffe an der Ostfront. Nach deutschen Quellen wurden dabei 116 russische und 44 deutsche Flugzeuge abgeschossen.

1

464549
21

99. Focke-Wulf Fw 190 D-9

geflogen von Oberleutnant Oskar »Ossi« Romm, Stab IV./JG 3, Prezlau, Deutschland, März 1945.

Als »Ossi« Romm zum Staffelkapitän in der IV./JG 3, der ersten Sturmjäger-Einheit, ernannt wurde, war er mit 82 Abschüssen schon ein berühmter Jagdflieger. Seinen ersten Einsatz in dieser Einheit flog er am 7. Juli 1944 während der sogenannten »Schlacht um Oschersleben«. Die IV./JG 3 griff dabei die B-24 der 14th Combat Wing der 8th Air Force an, als sie gerade über keinen Jagdschutz verfügte. Innerhalb weniger Minuten wurden 32 B-24 abgeschossen, und auch die 492nd Bomb Group verlor innerhalb von dreizehn Minuten zwölf Besatzungen. Eine dieser B-24 wurde von Oberleutnant Romm abgeschossen.

Im Februar 1945 übernahm Oskar Romm das Kommando über die IV./JG 3, und seine Stabsstaffel wurde mit der neuen Fw 190 D-9 ausgerüstet. Romm konnte feststellen, daß die »Dora 9« alle guten Eigenschaften der älteren Fw 190 A beibehalten hatte, dabei aber schneller war und besser steigen konnte. Am 24. April wurde er bei einer Bauchlandung mit Triebwerksschaden schwer verletzt. Romm beendete den Krieg mit insgesamt 92 Luftsiegen.

100. Messerschmitt Bf 109 K-4

geflogen von Feldwebel Strebel, 11./JG 3, Pasewalk, Deutschland, März 1945.

Das JG 3 gehörte zu den Luftwaffeneinheiten, die Mitte Januar 1945 überhastet an die Ostfront verlegt wurden, um die große sowjetische Offensive gegen Deutschland aufzuhalten. Feldwebel Strebel (II./JG 3) lag während dieser Schlacht um Ostpreußen mit seiner Messerschmitt Bf 109 auf einem Flugplatz südlich von Stettin. Damals hatten die Sowjets schon die totale Luftüberlegenheit. Sehr häufig setzten die roten Luftstreitkräfte an einem einzigen Tag dieses Frontabschnitts mehr als 2000 Flugzeuge ein. Das Kräfteverhältnis wurde am 25. März 1945 deutlich: Nachdem die Rote Armee an diesem Tag die Festung Gdynia (Gdingen) eingenommen hatte, flog die Luftwaffe 279 Einsätze – und das war alles, was sie noch aufbieten konnte. Nach deutschen Quellen wurden dabei nur 18 sowjetische Flugzeuge abgeschossen, und dieses Ergebnis konnte die Niederlage am Boden natürlich nicht mehr wettmachen.

101. Messerschmitt Me 262 A-1a

geflogen von Heinz Bär, III./EJG 2,
Lechfeld, Deutschland, 19. März 1945.

Am 19. März 1945 erzielte Heinz Bär seinen ersten Abschuß mit der Me 262 – eine P-51, und das war sein 206. Luftsieg. Seit Januar 1945 war Bär der Kommandeur der III./EJG 2, die neue Piloten für den Einsatz beim JG 7 auf der Me 262 auszubilden hatte. Aber diese Aufgabe wurde wegen der alliierten Angriffe, aber auch wegen mangelnder Ressourcen immer schwieriger. In der dritten Märzwoche 1945 konnte Bärs Einheit nur über elf Me 262 verfügen, und die III./EJG 2 wurde zu einer regulären Jägereinheit.

Am 21. März schoß Bär eine B-24 ab, das war sein 207. Luftsieg, und am 24. März holte er eine weitere B-24 und eine P-51 herunter und erhöhte damit die Zahl seiner Luftsiege auf 209. Bis zum 23. April, als Bär zum JV 44 versetzt wurde, hatte er 13 feindliche Flugzeuge mit der Me 262 abgeschossen.

Im April brachte Bär den Prototyp der neuen Me 262 A-1a/U1 zum JV 44. Dieses Flugzeug war mit zwei MK 103, zwei MG 151/20 und zwei MK 108 bewaffnet. Mit diesem Flugzeug erzielte Bär seine letzten drei Luftsiege: Am 27. April schoß er zwei P-47 ab und am 29. April über Bad Aibling eine weitere Thunderbolt. Mit seinen 16 Luftsiegen mit der Me 262 wurde Heinz Bär zum erfolgreichsten Düsenjäger-As des Zweiten Weltkriegs.

102. Messerschmitt Me 262 A-1a

geflogen von Oberfeldwebel Heinz Arnold, 11./JG 7,
Parchim, Deutschland, 24. März 1945.

Das JG 7 bot am 24. März 1945 in zwei Einsätzen 30 Me 262 gegen die schweren Bomber der USAAF auf, die die Rheinüberquerung unterstützten. Während dieser Luftkämpfe schossen die deutschen Düsenjäger zehn schwere Bomber und drei Begleitjäger ab und verloren dabei aber drei Me 262.

Oberfeldwebel Heinz Arnold, der vorher beim JG 5 geflogen war und dabei 42 Luftsiege erzielt hatte, war an diesem Tag einer der erfolgreichsten Düsenjäger-Piloten. Mit seiner Me 262 war er von Brandenburg-Briest aus gestartet und schoß je eine P-47 und P-51 sowie fünf B-17 ab. Damit war er einer der erfolgreichsten Piloten seiner Einheit. Seit einem Überführungsflug über einem von den alliierten besetzten Gebiet am 16. April galt er als vermißt. An diesem schicksalhaften Tag flog er nicht in seinem eigenen Flugzeug, das gerade nicht flugklar gewesen war. Seine Me 262 wurde später von Leutnant Fritz Müller geflogen und dadurch »gerettet«. Diese Me 262 A-1a von Oberfeldwebel Heinz Arnold fand später ihren Weg in das Air and Space Museum in Washington D.C., wo sie seitdem gezeigt wird.

13
110559

500491
7

103. Messerschmitt Me 262 A1a

geflogen von Major Theodor Weissenberger, Stab/JG 7,
Parchim, Deutschland, 31. März 1945.

Wenn der Krieg nicht ausgebrochen wäre, dann hätte »Theo« Weissenberger vermutlich den Gärtnerbetrieb von seinem Vater übernommen und wäre nur ein Freizeitpilot geworden. Obwohl er zu den erfolgreichsten Jagdfliegern des Zweiten Weltkriegs wurde, verhielt er sich ziemlich unmilitärisch. Aus disziplinarischen Gründen hatte er deshalb oft Schwierigkeiten mit seinen Vorgesetzten, aber wenn er einmal in der Luft war, verhielt er sich tadellos.

Zwischen September 1941 und Mai 1944 flog er im JG 5 350 Einsätze an der arktischen Front und erzielte über der Invasionsfront der Normandie 25 Luftsiege, und das war die Hälfte aller Abschüsse der I./JG 5 in dieser Zeit.

Im August 1944 wurde Weissenberger zum Kommandeur der I. Gruppe des neu formierten JG 7 befördert. Im März und April 1945 erzielte er mit der Me 262 seine letzten acht Abschüsse.

104. Messerschmitt Bf 109 G-14/AS

geflogen von Leutnant Helmut Neumann, 14./JG 5,
Kjevik-Kristiansand, Norwegen, April 1945.

Zwischen April 1944 und April 1945 wurde die 14./JG 5 von Leutnant Helmut Neumann geführt, einem Experten mit 62 Luftsiegen, der gegen Ende des Krieges zum JV 44 versetzt wurde.

Die IV./JG 5 war seit Sommer 1944 für die Luftverteidigung von Südnorwegen verantwortlich gewesen und wurde im August-September 1944 – zusammen mit der 14. Staffel – an die arktische Front verlegt. Die Piloten seiner Staffel nahmen während der sowjetischen Offensive gegen Petsamo an der Luftschlacht vom 9. Oktober teil. Dabei erzielten die deutschen Jagdflieger ihre letzten großen Erfolge. Am Ende dieses Tages hatten die Piloten der III. und IV./JG 5 bei nur einem eigenen Verlust 85 sowjetische Flugzeuge abgeschossen – darunter war der 3000. Luftsieg für das JG 5.

Im November 1944 wurde die IV./JG 5 nach Südnorwegen zurückverlegt. Hier blieb diese Einheit bis Ende des Krieges und war verantwortlich für die Abwehr alliierter Angriffe auf Ziele in Norwegen – vor allem gegen die U-Boot-Bunker von Trondheim und Bergen. Norwegen gehörte nicht zu den wichtigsten Angriffszielen der Alliierten, so daß es nur zu wenigen Feindberührungen kam.

Im April 1945 flogen die Stab IV./JG 5 und die 14./JG 5 zwei verschiedene Versionen der Messerschmitt Bf 109 G-14 – neben der normalen G-14 waren es drei G-14/AS. Wegen ihrer überlegenen Geschwindigkeit wurden die G-14/AS gegen die schnellen Mosquitos eingesetzt, die mit ihren überfallartigen Angriffen die deutschen Einrichtungen in Südnorwegen bedrängten.

Anmerkung: Die Werknummern dieser G-14/AS könnten 785147, 785627 oder 785690 gewesen sein. Sie wurde vermutlich von Staffelkapitän Helmut Neumann geflogen.

4

705690
10

105. Messerschmitt Bf 109 G-10

8./JG 52, Zeltweg, Österreich, April 1945.

Die 8./JG 52 wurde im April 1945 bei den letzten Kämpfen in Österreich eingesetzt. In die Schlacht um Wien, die am 4. April 1945 begann, warfen die Deutschen alle noch verfügbaren Truppen und erlitten dabei entsetzliche Verluste, auch in der Luft. Leutnant Gschwendtner, einer der erfahrensten Sturzkampf- und Jagdbomberpiloten fiel am 5. April, als seine Fw 190 von einer La-7 abgeschossen wurde. Luftwaffen-As Helmut Lipfert erzielte über Hainburg bei Wien zwar seinen 200. Luftsieg, aber das hatte wenig zu bedeuten, weil die Unterlagen der Luftwaffe zeigten, daß an diesem Tag an der Ostfront 21 deutsche, aber nur fünf russische Flugzeuge abgeschossen wurden. Über der Stadt Wien, in der die Straßenkämpfe wüteten, wurde auch Leutnant Friedrich Haas (II./JG 52) von sowjetischen Jägern abgeschossen. Am 10. April fielen an dieser Front zwei weitere Veteranen der Sturzkampf- und Jagdbombereinheiten. Oberleutnant Leopold Wenger (SG 103) wurde bei Wagram abgeschossen, und Oberfähnrich Erwin Gutzmann wurde von einem anderen sowjetischen Jäger über St. Pölten heruntergeholt.

An diesem Tag flogen die roten Luftstreitkräfte 2570 Einsätze, während die Luftwaffe an der ganzen Ostfront nur noch auf 248 Einsätze kam. Nach deutschen Feststellungen wurden dabei neun russische und 17 deutsche Flugzeuge abgeschossen.

106. Messerschmitt Me 262A-1a

ISS 1/JV 44, Lechfeld, Deutschland, April 1945.

Dieses Flugzeug gehörte ursprünglich zum Industrieschutzschwarm 1 (ISS 1), der die Aufgabe hatte, das Messerschmitt-Erprobungszentrum in Lechfeld zu verteidigen. Der ISS 1 wurde später in den JV 44 integriert, die mit Me 262 ausgerüstete, von General Adolf Galland geführte Eliteeinheit.

Dieses Flugzeug wurde nach der Eroberung von Lechfeld zusammen mit neun anderen einsatzklaren Me 262 von Colonel Harold E. Watson und seinen Leuten erbeutet. Col. Watson war zum Führer der »Operation Lusty« ernannt worden, einer nachrichtendienstlichen Einheit, die die Aufgabe hatte, Flugzeuge der Luftwaffe und andere neuartige Ausrüstung sicherzustellen. Watsons Team von Spezialisten und Piloten sammelte so viele einsatzfähige deutsche Düsenflugzeuge wie möglich, und diese Einheit mit der Bezeichnung Watson's Whizzers wurde inoffiziell als die »First U.S. Jet Squadron« bekannt.

22
C3
151536

501232
5

107. Messerschmitt Me 163 B-1

1./JG 400, Brandis, Deutschland, April 1945.

Die I./JG 400, die erste Raketenjäger-Einheit der Welt, fand im März 1945 ein unrühmliches Ende. Wegen ihrer Erfolglosigkeit, aber auch wegen der akuten Treibstoffengpässe erhielt die I./JG 400 den Befehl zur Auflösung. Geschwaderkommodore Major Wolfgang Späte und einige wenige anderer Veteranen wurden zum JG 7 versetzt und tauschten ihre Me 163 gegen die Me 262. Die Bodenmannschaften der I./JG 400 wurden zur Infanterie in die Tschechoslowakei versetzt, wo sie mit den aus ihren Me 163 ausgebauten MK 108-30-mm-Kanonen kämpften, aber völlig vernichtet wurden.

108. Focke-Wulf Fw 190 D-9

geflogen von Oberstleutnant Gerhard Michalski, Stab/JG 4, Neukirchen, Deutschland, April 1945.

Gerhard Michalski gehörte zu den echten Veteranen der Luftwaffe, die schon an der Schlacht um England teilgenommen hatten. Während der Luftschlacht über Malta vom Dezember 1941 bis Juli 1942 machte er sich einen Namen, als er 26 Flugzeuge der RAF abschoß und damit die Zahl seiner Luftsiege auf 48 erhöhte. In dieser Zeit war er Adjutant des berühmten »Henri« von Maltzahn, und später wurde er Kommandeur der II./JG 53.

Im Oktober 1942 mußte Hauptmann Michalski einige Stunden in seinem Schlauchboot ausharren, nachdem er über dem Mittelmeer von britischen Jägern abgeschossen worden war. Das zur Suche nach ihm losgeschickte Seenotrettungs-Flugboot Do 24 fischte aber zwei Piloten aus dem Wasser – der andere war ein junger Feldwebel, der die Do 24 gegen angreifende Spitfires verteidigt hatte und dabei selbst abgeschossen wurde.

Gerhard Michalski führt die II./JG 53 bis 1944. Nachdem er einige Monate in der Kommandeursschule verbracht hatte, wurde er im August 1944 zum Geschwaderkommodore des JG 4 ernannt. In dieser Verwendung flog er 1945 seine letzten Einsätze mit einer Fw 190 D-9 während des deutschen Rückzugs an der Ostfront.

Gerhard Michalski wurde noch zum Oberstleutnant befördert und überlebte den Krieg mit 73 Luftsiegen, aber 1946 kam er bei einem Verkehrsunfall ums Leben.

191916
26

109. Focke-Wulf Fw 190 D-9

II./JG 301, Straubing, Deutschland, April 1945.

Die II./JG 301 war eine der deutschen Jägereinheiten, die in den letzten Kriegsmonaten die Hauptlast der Reichsverteidigung gegen die schweren Bombenangriffe der Alliierten zu tragen hatten. Dabei erlitt diese Einheit schwere Verluste.

So kostete die Luftschlacht vom 14. Januar 1945 beispielsweise zehn Piloten der II./JG 301 das Leben. Werner Girbig, Chronist der deutschen Jagdwaffe, schrieb in seinem Buch »Start im Morgengrauen«: »Der 2. März bedeutete das Ende der II. Gruppe im JG 301.«

An diesem Tag verlor die II./JG 301 weitere sieben Piloten. Als das »Sonderkommando Elbe« am 7. April 1945 ihre erfolglosen Selbstmordkommandos gegen eine Gruppe von B-17 flog, gehörten zu den 77 dafür geopferten deutschen Jagdfliegern auch viele aus der II./JG 301.

Gruppenkommandeur der II./JG 301 war Hauptmann Herbert Nölter, der wegen seiner Erfolge als Bomberpilot bei der I./KG 3 mit dem Ritterkreuz ausgezeichnet worden war. Im April 1945 wurde er bei Halberstadt abgeschossen und starb am 13. Mai an seinen Verwundungen.

110. Messerschmitt Bf 109 K-4

geflogen von Leutnant Ernst-Dieter Bernhard, Stab III./JG 53, Kaufbeuren, Deutschland, 19. April 1945.

In diesem Flugzeug griff Leutnant Bernhard am 19. April 1945 zwischen Augburg und Ulm zusammen mit einem halben Dutzend weiterer Bf 109-Piloten 60 amerikanische Marauder-Bomber an, die von 20 bis 30 Thunderbolts begleitet wurden. Nachdem er den heftig attackierenden amerikanischen Begleitjägern entkommen war, mußte Leutnant Bernhard aber wegen eines Defekts am Fahrwerk auf dem Flugplatz Kaufbeuren eine Bauchlandung machen.

Ernst-Dieter Bernhard war im Dezember 1944 als Oberfähnrich zur 12./JG 53 gekommen. Er nahm an den Luftkämpfen des Neujahrstages 1945 teil, als 50 Messerschmitt Bf 109 des JG 53 »Pik As« zerstört oder beschädigt wurden. Im Februar 1945 wurde Bernhard zum Leutnant befördert und zum Adjutanten der III./JG 53 an der Westfront ernannt. Im März 1945 meldete er sich freiwillig zur Rammjäger-Einheit, die die Nazi-Führung verlangt hatte. Aus verschiedenen Gründen kam Bernhard aber nie zum »Sonderkommando Elbe«, das nur einen einzigen Einsatz flog, dabei nicht mehr als 15 amerikanische Bomber zerstörte, aber 133 eigene Flugzeuge verlor. Bernhard selbst überlebte am 14. März 1945 einen Abschuß durch eine Thunderbolt. Fünf Tage später erzielte er mit dem Abschuß einer Mustang seinen ersten und einzigen Luftsieg.

15

111. Messerschmitt Me 262 A-1a

geflogen von Unteroffizier Eduard Schallmoser, JV 44,
München-Riem, Deutschland, 20. April 1945.

Eduard Schallmoser gehörte als junger Unteroffizier zu den letzten begeisterten Piloten der Luftwaffe und hatte sich im Frühjahr 1945 freiwillig zu Adolf Gallands JV 44 gemeldet. Hier machte er sich einen Namen, als er beim Rammen feindlicher Flugzeuge zwei der wertvollen Me 262 zerstörte. Das brachte ihm strenge Verweise durch seine Vorgesetzten und den Spitznamen der »Düsen-Rammer« ein. Adolf Galland, der zusammen mit Schallmoser Einsätze flog, gab in seinen Memoiren über diesen letzten Jäger seine Meinung kund: »Beim Rammen machte er keinen Unterschied zwischen Freund und Feind.«

Am 20. April flog Schallmoser als Gallands Rottenflieger. Dabei unterlief ihm wieder ein Fehler, und er rammte das Leitwerk einer B-26 Marauder. Sowohl die Me 262 als auch die Marauder stürzten brennend ab, Schallmoser konnte sich mit dem Fallschirm retten.

112. Focke-Wulf Ta 152 H-0

geflogen von Oberfeldwebel Walter Loos, Stab/JG 301,
Neustadt-Glewe, Deutschland, 24. April 1945.

Walter Loos war einer der letzten Experten der Luftwaffe. Nach seiner Ausbildung kam er im Januar 1944 zur III./JG 3 und war einer der wenigen neuen Piloten des Jahres 1944, die den Krieg überlebten. Während der großen Luftschlacht des 6. März 1944, als die 8th Air Force Berlin angriff, erzielte er seinen ersten Luftsieg.

Bei der Sturmgruppe IV./JG 3 holte er einige viermotorige Bomber herunter und wurde von Walter Dahl für den Geschwaderstab/JG 300 ausgewählt. Als Sturmflieger hatte Loos große Erfolge, wurde aber innerhalb weniger Monate neunmal selbst abgeschossen.

Als der Stab/JG 301 im Frühjahr 1945 mit der Ta 152 ausgerüstet wurde, um die Flugplätze der Düsenjäger zu schützen, war es nur natürlich, Loos in diese Einheit zu übernehmen. Am 24. April 1945 stieß Loos über Berlin auf eine Formation sowjetischer Jagdflugzeuge und konnte zwei davon abschießen. Obwohl er nur 66 Einsätze flog, erzielte er dabei 38 bestätigte Luftsiege (einschließlich 22 viermotorige Bomber und acht sowjetische Flugzeuge) sowie weitere acht unbestätigte Abschüsse.

Anmerkung: Die Werknummer dieser einzigen noch existierenden Ta 152 konnte nicht genau festgestellt werden, einige Quellen geben sie mit 150010 an.

111745
5

150010
4

113. Focke-Wulf Ta 152 C-1/R31

Stab/JG 301, Welzow, Deutschland, 30. April 1945.

Neben dem JV 44 war der Stabsschwarm des JG 301 die letzte Eliteeinheit der Luftwaffe, was Piloten und Flugzeuge betraf. Das JG 301 war mit der Ta 152 ausgerüstet, dem fortschrittlichsten Kolbenmotor-Jagdflugzeug der Luftwaffe. Zu den Piloten im Stabsschwarm gehörten Asse wie Oberfeldwebel Walter Loos (38 Luftsiege), Oberfeldwebel »Jupp« Keil, der zehn alliierte Flugzeuge abgeschossen hatte, und Oberfeldwebel Willi Reschke mit 26 Abschüssen, darunter 18 viermotorige Bomber.

Historiker sind sich nicht einig, ob die C-Version von Kurt Tanks letztem Kolbenmotor-Jäger überhaupt noch zum Einsatz kam.

Tatsache ist, daß am 30. April 1945 zwei flugklare Ta 152 C-1/R31 beim Stab/JG 301 zum Einsatz bereitstanden.

Anmerkung: Da keine Fotos einer C-Version bekannt sind, bietet dieses Profil der »Grüne 13« eine Vorstellung des Autors, wie die Ta 152 C-1/R31 ausgesehen haben könnte.

114. Focke-Wulf Fw 190 D-13

geflogen von Major Franz Götz, Stab/JG 26, Flensburg, Deutschland, Mai 1945.

An seinem Geburtstag, dem 28. Januar 1945, war Major Franz Götz zum Kommandeur des JG 26 »Schlageter« befördert worden. Dieser letzte Geschwaderkommodore des JG 26 war seit Ausbruch des Krieges als Jagdflieger im Einsatz gewesen. Als Oberfeldwebel hatte er am 14. Mai 1940 sein erstes Feindflugzeug abgeschossen.

Trotz seiner dramatischen Karriere, hatte »Altvater« Franz Götz seine guten Beziehungen zu den Unteroffizieren beibehalten. Als er beim JG 26 als neuer Geschwaderkommodore eintraf, begrüßte er einen seiner Untergebenen, einen alten Freund, mit den Worten: »Unteroffizier Götz, erinnern Sie sich noch daran, als ich 1938 in Ihrer Werkstatt das Flugzeug ausprobierte?«

Major Götz führte das JG 26 während der letzten, schweren Monate des Krieges. In dieser Zeit als Geschwaderkommodore verlor die Einheit in nur 46 Tagen 93 Piloten, die gefallen waren oder vermißt wurden. Götz überlebte den Krieg nach 766 Einsätzen und 63 Luftsiegen. Als letztes Flugzeug flog er diese Focke-Wulf Fw 190 D-13, die der Zerstörung entging. Sie steht jetzt im Champlin Fighter Museum in Arizona.

Anmerkung: Diese D-13 hatte eine ungewöhnliche Tarnbemalung mit verschiedenen Schattierungen, die schwer zu identifizieren waren. Eine der Tarnfarben auf der Oberseite dieses Flugzeugs war entweder RLM 75 Grau oder RLM 83 Schwachgrün. Wir haben uns für RLM 75 Grau entschieden.

110028
13

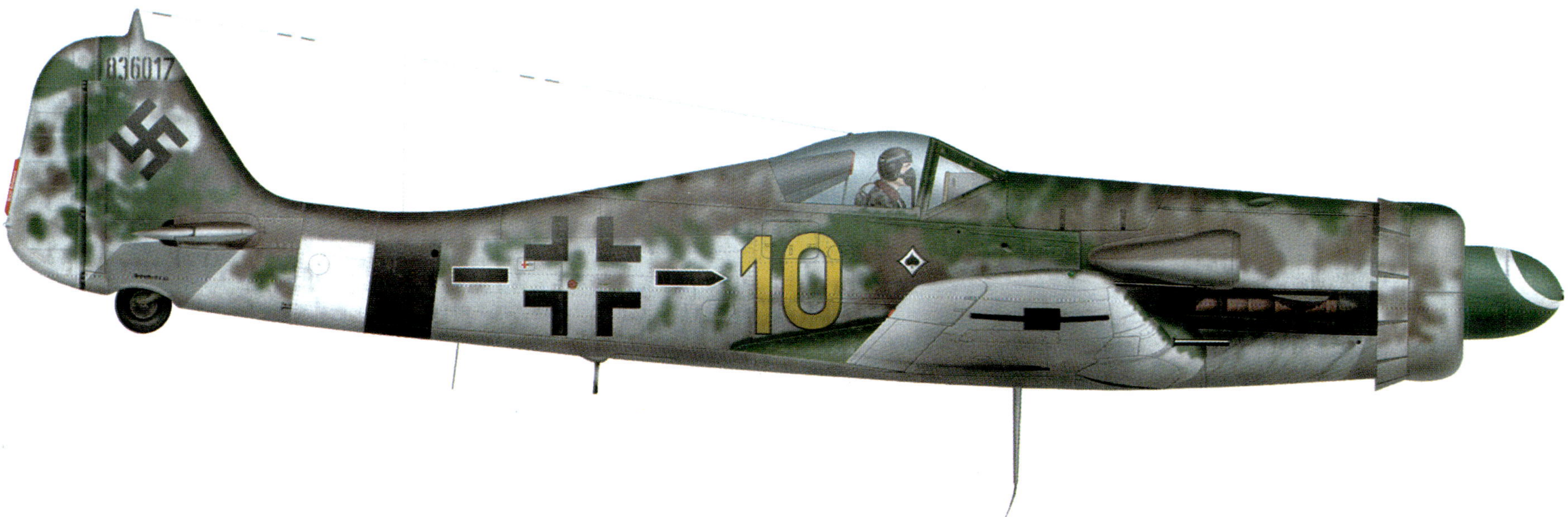
836017
10

115. Focke-Wulf Ta 152 H-1

geflogen von Oberfeldwebel Willi Reschke, Stab/JG 301,
Neustadt-Glewe, Deutschland, 14. April 1945.

Am 14. April 1945 starteten vom Flugplatz Volkel in Holland zwei Hawker Tempest der neuseeländischen 486 Squadron, um die Bahnanlagen von Ludwigslust anzugreifen. Als sie ihren Tiefangriff einleiteten, hoben drei Ta 152 vom Stab/JG 301 in fünf Kilometern Entfernung auf dem Flugplatz Neustadt-Glewe im Alarmstart ab. Innerhalb weniger Minuten stürzten sich die deutschen Flugzeuge auf die Neuseeländer. Aber Oberfeldwebel Sattler, der als Nummer 3 in der deutschen Formation flog, verlor die Kontrolle über sein Flugzeug und stürzte senkrecht zu Boden. Beim folgenden Kurvenkampf, der sich fast in Baumwipfelhöhe abspielte, demonstrierte Oberfeldwebel Willi Reschke die überlegene Manövrierfähigkeit der Ta 152, indem er die Tempest auskurvte und abschoß. Der Tempest-Pilot Warrant Officer Mitchell hatte keine Überlebenschance.

Am Steuer der Ta 152 war Reschke ein ausgezeichneter Pilot. Zehn Tage später flog er die hier dargestellte »Grüne 9« und zerstörte über Berlin zwei Yaks. Bevor Reschke zum Stab/JG 301 kam, flog er beim JG 300, in der I./JG 302 und der III./JG 301. Er überlebte den Krieg mit 26 Abschüssen, davon 18 schwere Bomber.

Diese »Grüne 9« wurde Ende des Krieges von den Briten in Leck erbeutet und wurde zusammen mit anderen deutschen Flugzeugen nach England zu einer öffentlichen Aussstellung in Farnborough gebracht.

Anmerkung: Die mit RLM 82 gespritzte Motorhaube dieses Flugzeugs deutet auf einen Triebwerkswechsel während seiner Einsatzzeit hin. Viele Ta 152 hatten Probleme mit Motorbränden und deshalb waren Triebwerkswechsel sehr häufig.

116. Heinkel He 162 A-2

geflogen von Oberleutnant Emil Demuth, 3./JG 1,
Leck, Deutschland, Mai 1945.

Als Staffelkapitän der 3./JG 1 hatte Leutnant Emil Demuth 1944 an den Luftkämpfen über Deutschland und der Normandie teilgenommen, und er flog auch während der Ardennen-Offensive im Dezember 1944. An Weihnachten 1944 schoß er eine B-24 und zwei amerikanische Jäger ab, das waren seine Luftsiege Nr. 14 bis 16. Am 1. Januar 1945 nahm er an der Operation »Bodenplatte« teil. Dabei verlor das JG 1 aber 29 Fw 190, und es fielen 24 Piloten. Zwei Wochen später, am 14. Januar, setzte die Luftwaffe zur taktischen Unterstützung an der Ardennenfront 215 Flugzeuge ein – davon wurden 92 abgeschossen. Die I./JG 1 verlor zwölf ihrer Fw 190 und konnte nur zwei Spitfires abschießen.

Nachdem das JG 1 wenige Tage später an die Ostfront verlegt hatte, wurde Leutnant Demuth zeitweise Gruppenkommandeur der I./JG 1. Am 30. Januar 1945 schoß er ein sowjetisches Flugzeug ab, das war sein 17. und letzter Luftsieg. Eine Woche später erhielt die I./JG 1 den Befehl, ihre Fw 190 A-8 an die II./JG 1 zu übergeben und nach Parchim zu verlegen, wo sie als erste Luftwaffeneinheit mit der Heinkel He 162 »Volksjäger« ausgerüstet wurde.

Die Ausbildung auf der He 162 konnte aber erst Mitte März beginnen. Nach heftigen Angriffen der RAF auf Parchim verlegte die I./JG 1 zum Fliegerhorst Ludwigslust zwischen Hamburg und Berlin. Am 15. April war die Ausbildung auf der He 162 beendet, und die Einheit wurde für ihre Einsätze nach Leck in Holstein verlegt. Neuer Gruppenkommandeur wurde Major Werner Zober, Oberleutnant Demuth beendete den Krieg als Staffelkapitän der 3./JG 1.

Anmerkung: Wie die meisten der in Leck gefundenen He 162 ist auch das abgebildete Flugzeug nie im Kampfeinsatz geflogen.

150168
9

11
20
120074

117. Heinkel He 162 A-2

geflogen von Leutnant Rudolf Schmitt, 1./JG 1,
Leck, Deutschland, 4. Mai 1945.

Die Heinkel He 162 der I./JG 1 wurden am Sonntag, den 15. April 1945 von Ludwigslust nach Leck in Holstein verlegt. Während dieses Überführungsfluges traf Leutnant Rudolf Schmitt (amtierender Staffelkapitän der 1./JG 1) auf einige Spitfires, und es entwickelte sich der erste Luftkampf mit diesem neuen Düsenjäger. Vier Tage später starteten die He 162 der I./JG 1, um über Schleswig-Holstein alliierte Bomber anzugreifen. Kurz nach dem Start wurde die He 162 von Fhj. Fw. Günther Kirchner von P-47 angegriffen und abgeschossen. Am nächsten Tag ging eine weitere He 162 verloren, als Rudolf Schmitt irrtümlich mit dem Schleudersitz ausstieg. Drei Tage später war er wieder in Aktion, kam aber unverrichteter Dinge zurück, nachdem er eine Mosquito erfolglos gejagt hatte.

Aber am 4. Mai 1945 meldete er den – allerdings unbestätigten – Abschuß einer Typhoon. Das war der erste und wahrscheinlich einzige Luftsieg, den ein Pilot mit der He 162 erzielt hat. So endete die nicht gerade erfolgreiche Karriere der He 162 »Volksjäger«.

118. Messerschmitt Bf 109 G-10/R3

geflogen von Feldwebel Horst Petzschler, 10./JG 51,
Bulltofta, Schweden, 4. Mai 1945.

Im Frühjahr 1945 lag Hauptmann Joachim Brendels III./JG 51 in einem kleinen deutschen Widerstandsnest in Ostpreußen. Geführt von Jagdfliegerführer Otto Weiss mußte diese Gruppe völlig sinnlose Einsätze gegen einen überlegenen Feind fliegen. Zu den Gegnern auf der sowjetischen Seite gehörten auch französische Piloten der Air Regiment »Normandie-Niemen«, ausgerüstet mit Yak-9. Diese Einheit flog 869 Einsätze, bei denen 210 deutsche Flugzeuge abgeschossen wurden, während die eigenen Verluste bei 42 Piloten lagen. Im Frühjahr 1945 verlor die III./JG 51 27 Piloten. Einer der erfolgreichsten Piloten dieser Gruppe war in dieser Zeit Feldwebel Horst Petzschler, der in den letzten Kriegsmonaten 22 sowjetische Flugzeuge abschoß.

Am 4. Mai 1945 sollte diese Einheit Ostpreußen verlassen, um – wie der größte Teil der Luftwaffe – nach Schleswig-Holstein zu verlegen. Stattdessen flog Petzschler aber in das neutrale Schweden. Seine Ankunft in Südschweden war spektakulär, da Petzschler beim Anflug auf den Flughafen Bulltofta wegen Treibstoffmangels eine perfekte Gleitlandung machen mußte. Nach Ende des Krieges übergaben ihn die schwedischen Behörden an die Sowjetunion, wo Petzschler vier Jahre lang in Kriegsgefangenschaft blieb.

1
120027

130297
5
0297

119. Heinkel He 162 A-2

geflogen von Oberst Herbert Ihlefeld, Stab I./JG 1,
Leck, Deutschland, Mai 1945.

Herbert Ihlefeld wird oft als eine der wichtigsten Persönlichkeiten der Luftwaffe bezeichnet. Er hatte im Spanischen Bürgerkrieg sieben Luftsiege errungen und vom ersten bis zum letzten Tag des Zweiten Weltkriegs als Jagdflieger gedient. Dabei flog er über 1000 Einsätze, und überlebte den Krieg mit 130 Luftsiegen. Am Ende der Schlacht um England hatte Ihlefeld bereits 25 Luftsiege. Seit August 1940 war er Führer der I.(J)/LG 2 (später I./JG 77), und im Mai übergab er diese Verantwortung nach 103 Luftsiegen an Heinz Bär. Während der Führung durch Herbert Ihlefeld hat die I./JG 77 die Zerstörung von 323 Feindflugzeugen gemeldet und dabei nur 17 Bf 109 verloren.

Nach einer Periode als Geschwaderkommodore der JG 51, JG 52 und der Ausbildungseinheit JG 103 wurde er im Juli 1943 zum Führer der Mosquito-Jäger der JGr. 25 ernannt. Später wurde er Geschwaderkommodore des JG 1.

Es war also kein Zufall, daß das von Ihlefeld geführte Jagdgeschwader zum ersten wurde, das mit der He 162 »Volksjäger« ausgerüstet wurde.

Anmerkung: Oberst Herbert Ihlefeld flog mit der He 162 keine Kampfeinsätze.

120. Heinkel He 162 A-2

geflogen von Hauptmann Heinz Künnecke, I./JG 1,
Leck, Deutschland, Mai 1945.

Die Pläne der Nazi-Führung, das JG 1 zum ersten kompletten »Volksjäger-Geschwader« zu machen, konnten nicht verwirklicht werden. Am 3. Mai 1945 wurden alle He 162-Einheiten des JG 1 nach Leck in Holstein verlegt und in der I./JG 1 zusammengeführt. Major Zober, der in der Luftwaffe zu einer Legende geworden war und schon im Spanischen Bürgerkrieg gekämpft hatte, wurde zum Geschwaderkommodore befördert. Als Bomberpilot war er im Zweiten Weltkrieg abgeschossen worden. Seine beiden Beine mußten danach amputiert werden, aber er flog bald wieder – mit Prothesen.

Einige Tage nach der Verlegung der He 162 wurde Leck von den britischen Truppen eingenommen. Das abgebildete Flugzeug, geflogen von Staffelkapitän Hauptmann Heinz Künnecke, wurde auf dem Fliegerhorst am Rande der Stadt aufgefunden, zusammen mit 50 weiteren He 162 – alle mit leeren Tanks.

120230
23

310018
5

121. Focke-Wulf Fw 190 A-8
geflogen von Unteroffizier Ludwig Nitsch, I./JG 54,
Windau, Litauen, 7. Mai 1945.

Am 8. Mai 1945, dem Tag der deutschen Kapitulation, machte Unteroffizier Ludwig Nitsch vom Stab I./JG 54 bei Fosie in Schweden eine Bauchlandung mit seiner Fw 190 A-8. Mit diesem Flugzeug hatte er am 7. Mai noch zwei von drei Pe-8 abgeschossen. Die Heckschützen der Pe-8 trafen seine Fw 190 mehrmals, und auch die Trümmer einer der explodierenden P-2 beschädigten sein Flugzeug. Es war also in keinem guten Zustand, als er am nächsten Tag im litauischen Windau wieder startete: Die rechte Flügelnase war getroffen, einige Geschosse hatten die Antennenbefestigung am Leitwerk erwischt, ein Geschoß, das die rechte Bordwand unter der Frontscheibe durchschschlagen hatte, verfehlte Nitsch nur um wenige Zentimeter, und ein großes Trümmerstück der explodierenden Pe-2 verbog die Kanone im rechten Flügel. Aber trotz dieser Kampfspuren hatte Nitsch keine andere Wahl, als mit dieser Fw 190 den Flugplatz zu verlassen, weil bereits die russischen Panzer heranrollten. Kurz nach dem Start bemerkte er, daß die Sicherungen der elektrischen Schalter für den Abwurftank zerschossen waren, und er mußte den Tank abwerfen. Dänemark war also nicht mehr zu erreichen, und so entschloß sich Nitsch, ins neutrale Schweden zu fliegen, wo er heute noch lebt.

Die I./JG 54, zu der Nitsch gehörte, wurde von Jagdflieger-As Major Fritz Eisenach geführt, der 38 russische Flugzeuge abgeschossen hatte. Eisenach hatte die hoffnungslose Aufgabe, den im Kurland eingeschlossenen deutschen Truppen Jagdschutz zu geben. Dabei wurde eines der Luftwaffen-Asse, Oberleutnant Kittel (2./JG 54) mit 267 Luftsiegen, abgeschossen und getötet. Am selben Tag vermerkt eine Eintragung im Wehrmachtsbericht des Oberkommandos: »In Kurland nichts Neues!«

122. Messerschmitt Bf 109 K-4
geflogen von Major Wilhelm Batz, Stab II./JG 52,
Neubiberg, Deutschland, 8. Mai 1945.

»Willi« Batz, oder »Rabitzky«, wie er von seinen sowjetischen Gegnern auch genannt wurde, gehörte bei den russischen Piloten zu den gefürchtetsten deutschen Jagdfliegern. Sein erfolgreichster Tag war der 30. Mai 1944, als die Sowjets über dem Brückenkopf Jassy beim Fluß Prut 750 Flugzeuge aufgeboten hatten. »Ich hatte Glück,« erzählte Batz dem Autor, »und konnte 15 Feindflugzeuge abschießen.« Später schrieb er: »Da wir ständig mit Vollgas fliegen mußten, konnten wir nicht länger als 45 Minuten in der Luft bleiben. Dann mußten wir landen und auftanken. Einige unserer Piloten waren bereits gefallen oder waren verwundet, aber der Gegner war von seinen schweren Verlusten, die wir ihm beigebracht hatten, so beeindruckt, daß wir am nächsten Tag die totale Luftüberlegenheit hatten.«

Den gefährlichsten Versuch, »Rabitzky« auszuschalten, unternahmen die Sowjets später in diesem Jahr, als Airacobras des 16. Garde-Jägerregiments – zu dem die berühmten Asse Pokryshkin (59 Abschüsse) und Rechlakow (56+5 Abschüsse bei nur 122 Einsätzen) gehörten – Batz eine Falle stellten.

Doch Willi Batz überlebte den Krieg mit 237 Luftsiegen und starb am 11. September 1988.

Anmerkung: Wegen der schlechten Qualität des Originalfotos ist eine Identifizierung des Tarnschemas dieser Bf 109 K-4 unmöglich. Das Flugzeug hatte an der Oberseite entweder die Standardtarnfarbe RLM 82, 75 oder es könnte auch dieses dargestellte, unvollständige Schema aus RLM 74 und 76 gewesen sein.

739137
<2

1>

123. Focke-Wulf Fw 190 D-9
II./JG 6, Fürth, Deutschland, 8. Mai 1945.

Das JG 6 wurde im Spätsommer aus den Resten des aufgelösten Zerstörergeschwaders 26 gebildet, das nach Horst Wessel, einem der frühen Straßenkämpfer der Nazis, benannt war. Aber weder »Horst Wessel« noch das nach ihm benannte Geschwader waren eine Erfolgsgeschichte. Am 25. August 1944 stießen rund 40 Fw 190 von Hauptmann Elstermanns II./JG 6 Horst Wessel mit 35 P-38 der 367th Fighter Group zusammen. Nach diesem Luftkampf hatte die II./JG 6 16 Fw 190 und 14 Piloten verloren (darunter auch das As Rudi Dassow). Die Amerikaner meldeten 20 Luftsiege, von denen fünf Captain Laurence E. Blumer zugeschrieben wurden, und den Verlust von acht P-38. Einige Wochen später verlor die III./JG 6 in einem einzigen Luftkampf zwölf Flugzeuge.

Als die Sowjets Mitte Januar 1945 ihre große Offensive in Polen starteten, gehörte das JG 6 zu den Einheiten, die hastig an die Ostfront verlegt wurden. Von den 125 deutschen Jagdfliegern, die in der zweiten Hälfte des Januar 1945 fielen, kamen 80% an der Ostfront ums Leben. Das Horst Wessel-Geschwader erlitt seine schwersten Verluste zwischen dem 15. und 18. Januar, als 18 Piloten fielen oder als vermißt gemeldet wurden. Dazu zählten auch die Staffelkapitäne der 3. und 10. Staffel, Leutnant Bauer und Leutnant Hunold.

Im April 1945 bekam das JG 6 mehr als 150 fabrikneue Fw 190 D-9, aber zu dieser Zeit konnten wegen Treibstoffmangels nicht mehr als vier Flugzeuge gleichzeitig eingesetzt werden.

Anmerkung: Das Tarnschema dieser »Dora« konnte anhand einiger weniger Farbfotos dieses Typs rekonstruiert werden.

124. Messerschmitt Bf 109 K-4
geflogen von Erich Hartmann, Stab I./JG 52,
Deutsch Brod, Tschechoslowakei, 8. Mai 1945.

Während viele deutsche Soldaten glaubten, es gebe in den letzten Kriegstagen nichts mehr, worum es sich zu kämpfen lohnte, gab es auch andere, die den Krieg bis zur letzten Stunde fortsetzten. So flog das Stuka-As Hans-Ulrich Rudel noch am 8. Mai 1945, dem letzten Tag des Zweiten Weltkriegs in Europa, in der Nähe von Brüx einen Einsatz gegen Panzer. In der Zwischenzeit machte auch Major Karl Kennel, Kommandeur der II. Gruppe von Rudels SG 2 seinen 957. und letzten Einsatz, und an anderer Stelle machte Hauptmann Gläser, Kommandeur der II./SG 77, seinen letzten Tiefangriff gegen sowjetische Bodentruppen.

An diesem Tag startete um 8 Uhr 30 auch Erich Hartmann zu seinem 1404. Kampfeinsatz. Über Brünn entdeckte er einen Yak-Jäger und leitete dieselben Manöver ein wie schon 351-mal zuvor – er flog den Gegner bis auf nächste Distanz an und feuerte. Der sowjetische Pilot mußte den 352. Luftsieg Erich Hartmanns mit dem Leben bezahlen. Wenige Stunden später war der Zweite Weltkrieg zu Ende. Erich Hartmann verbrachte die nächsten zehn Jahre in russischer Gefangenschaft.

Anmerkung: Es sind keine Photos von Hartmanns letzter »Karaya« bekannt. Nach seinen eigenen Feststellungen flog er die Version K-4, ebenso wie einige seiner Untergebenen in dieser Gruppe. Daher kann man den Schluß ziehen, daß Hartmann bei seinem letzten Einsatz wenige Stunden vor dem Waffenstillstand wirklich eine Bf 109 K-4 geflogen haben könnte. Deshalb haben wir für dieses Profil dieses Flugzeug gewählt.

211934

Tabelle der vergleichbaren Ränge

LUFTWAFFE	ROYAL AIR FORCE	USAAF
Mannschaften		
1. Flieger	Aircraftman 2nd Class	Private
2. Gefreiter	Aircraftman 1st Class	Private 1st Class
3. Obergefreiter	Leading Aircraft	
4. Hauptgefreiter		
Unteroffiziere		
5. Unteroffizier	Corporal	Corporal
6. Unterfeldwebel	Sergeant	
7. Feldwebel	Sergeant	
8. Fahnenjunker-Oberfeldwebel	(Officer Candidate)	Technical Sergeant
7. Fähnrich	(Officer Candidate)	
9. Oberfeldwebel	Flight Sergeant	Master Sergeant
Offiziersanwärter		
9. Oberfähnrich	(Senior Officer Candidate)	
10. Stabsfeldwebel	Warrant Officer	Flight Officer
Offiziere		
11. Leutnant	Pilot Officer	Second Lieutenant
12. Oberleutnant	Flying Officer	First Lieutenant
13. Hauptmann	Flight Lieutenant	Captain
14. Major	Squadron Leader	Major
15. Oberstleutnant	Wing Commander	Lieutenant Colonel
16. Oberst	Group Captain	Colonel
17. Generalmajor	Air Commodore	Brigardier General
18. Generalleutnant	Air Vice Marshal	Major General
19. General der Flieger	Air Marshal	Lieutenant Genral
20. Generaloberst	Air Chief Marshal	General (4 star)
21. Generalfeldmarschall	Marshal of the RAF	General (5 star)
22. Reichsmarschall		

Ritterkreuz

Der höchste Orden in der Deutschen Wehrmacht war das Ritterkreuz, mit dem rund 1730 Luftwaffenangehörige ausgezeichnet wurden. 192 bekamen das Ritterkreuz mit Eichenlaub, 41 das Ritterkreuz mit Eichenlaub und Schwertern, und zehn das Ritterkreuz mit Eichenlaub, Schwertern und Diamanten.

21. (RK) Das Ritterkreuz des Eisernen Kreuzes.
22. (EL) Das Ritterkreuz des Eisernen Kreuzes mit Eichenlaub.
23. (S) Das Ritterkreuz des Eisernen Kreuzes mit Eichenlaub und Schwertern.
24. (BR) Das Ritterkreuz des Eisernen Kreuzes mit Eichenlaub mit Schwertern und Diamanten.

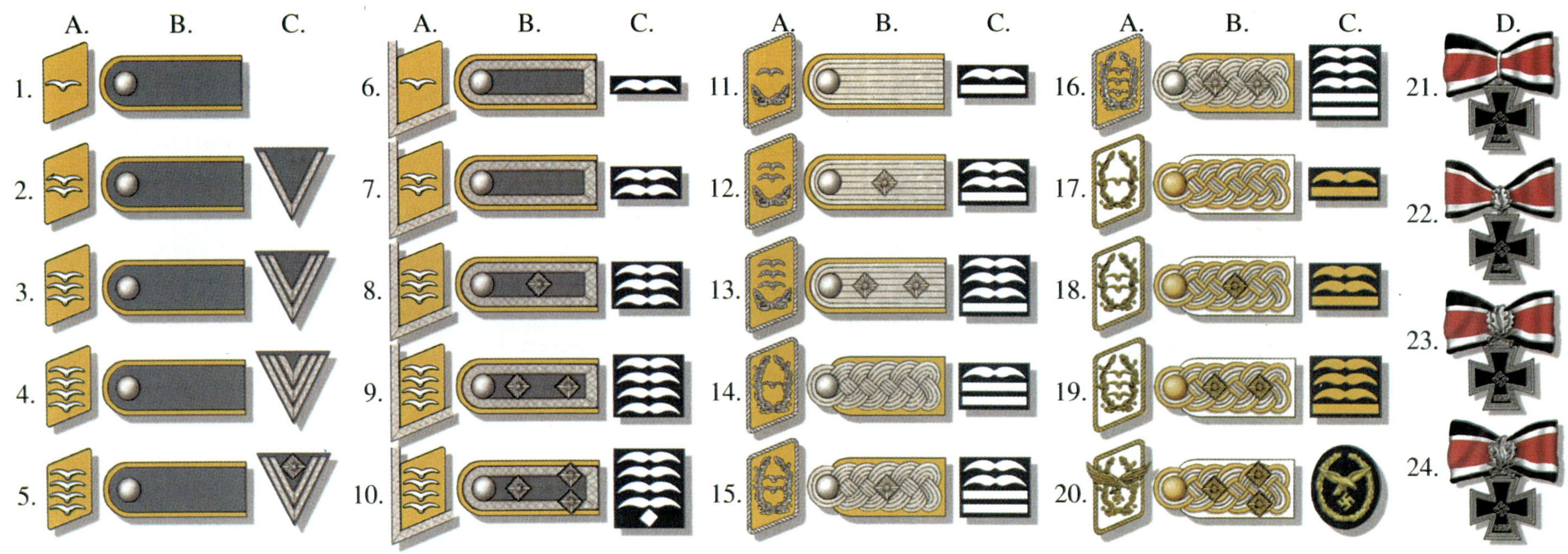

Der Aufbau der Luftwaffe

Die taktische Kerneinheit der Luftwaffe im Zweiten Weltkrieg war normalerweise das Geschwader. Jedes Geschwader wurde mit der Bezeichnung seiner Einsatzart und einer Zahl gekennzeichnet:

Jagdgeschwader
Nachtjagdgeschwader
Zerstörergeschwader
Schlachtgeschwader
Sturzkampfgeschwader (Stukageschwader)
Kampfgeschwader
Lehrgeschwader

Im Rahmen der romantisierenden Nazi-Propaganda erhielten viele Geschwader zusätzlich noch Traditionsnamen, um gefallene »Helden« zu ehren, wie z. B.: JG 6 (das frühere ZG 26) »Horst Wessel« (Nazi-Held von 1930); JG 26 »Schlageter« (nationalistischer Kämpfer während der französischen Besatzung des Ruhrgebiets); JG 51 »Mölders« (erstes Jagdflieger-As der Luftwaffe); JG 2 »Richthofen«, etc. Es ist interessant, daß diese Tradition von der Bundesluftwaffe mit dem JG 71 »Richthofen« und dem JG 74 »Mölders« weitergeführt wird.

Jedes Geschwader bestand aus drei oder vier Gruppen, die mit römischen Ziffern bezeichnet wurden, wie z. B.:

III./JG 26 = dritte Gruppe des Jagdgeschwaders 26.

Die Gruppen bestanden aus drei oder vier Staffeln, gekennzeichnet mit arabischen Ziffern, wie z. B.:

3./JG 26 = dritte Staffel des Jagdgeschwaders 26.

Die normale Stärke einer Staffel der Jagdwaffe waren zwölf Flugzeuge, unterteilt in drei Schwärme, und ein Schwarm bestand aus bis zu vier Flugzeugen.

Ein Schwarm wurde in zwei Rotten unterteilt, eine Rotte bestand aus dem Rottenführer und dem Rottenflieger.

Nachfolgend die nominale Stärke der Einsatz-Einheiten der Luftwaffe im Zweiten Weltkrieg:

Geschwader	= drei oder vier Gruppen plus Stabsstaffel: 120–200 Flugzeuge.
Gruppe	= drei oder vier Staffeln: 36–48 Flugzeuge.
Staffel	= 12 Flugzeuge

Der Kommandeur eines Geschwaders war der Geschwaderkommodore im Rang eines Majors, Oberstleutnants oder Oberst.

Der Kommandeur einer Gruppe war der Gruppenkommandeur im Rang eines Majors oder Hauptmanns.

Der Kommandeur einer Staffel war der Staffelkapitän im Rang eines Hauptmanns, Oberleutnants oder Leutnants.

Einige Geschwader gehörten zu einem Fliegerkorps oder einer Fliegerdivision.

Die größte taktische Einheit in der Luftwaffe des Zweiten Weltkriegs war die Luftflotte.

Die deutsche Jagdwaffe im Zweiten Weltkrieg: Tabelle der Resultate

Da es im Zweiten Weltkrieg, wie schon erwähnt, die Hauptaufgabe der deutschen Jagdwaffe war, feindliche Flugzeuge abzuschießen, wäre eine Publikation wie die vorliegende ohne eine Darstellung der erzielten Resultate wohl unvollständig. Man darf dabei aber nicht vergessen, daß sich hinter jeder Zahl nicht nur der tragische Verlust eines Menschenlebens verbirgt, sondern daß alle Anstrengungen der deutschen Jagdflieger auf das Ziel ausgerichtet waren, dem verbrecherischsten System zu dienen, das die Welt je gesehen hat. In diesem Bewußtsein haben die Autoren eine objektive Darstellung der Statistiken der Luftkämpfe versucht, an denen die deutsche Jagdwaffe zwischen 1939 und 1945 beteiligt war.

Nach unserer Kenntnis ist dies überhaupt der erste Versuch, die gesamten Erfolge und Verluste der deutschen Jagdwaffe darzustellen.

Man muß dabei aber betonen, daß die unten angeführten Zahlen bei weitem nicht ganz exakt sein können. Die tatsächlichen Verluste im Zweiten Weltkrieg, vor allem die der Luftwaffe, sind nicht bekannt und werden wohl auch nie genau ermittelt werden können. Was die Bestätigung von gemeldeten Luftsiegen betrifft, wird die Sache noch schwieriger. Selbst wenn die Verlustlisten der Einheiten vollständig wären, ist es sehr schwer zu entscheiden, ob ein abgestürztes Flugzeug wirklich abgeschossen wurde. Eine Faustregel lautet: Die tatsächlichen Verluste sind immer höher als sie von einer Seite angegeben wurden und niedriger als die Zahl der von der Gegenseite beanspruchten Luftsiege.

Die folgenden Zahlen sind nur eine grobe Schätzung der tatsächlichen Verluste (d. h. ohne Berücksichtigung der üblicherweise übertriebenen Abschußmeldungen der Piloten) bei den Luftkämpfen der deutschen Jagdflieger im Zweiten Weltkrieg. Andererseits stützen sich diese Zahlen auf viele Jahre gründlicher Studien des Luftkriegs von 1939 bis 1945. Auch wenn einige Einzelheiten in der unten dargestellten Tabelle in den nächsten Jahren noch korrigiert werden sollten, so können wir doch behaupten, daß sie beim gegenwärtigen Stand der historischen Nachforschungen der Wahrheit sehr nahe kommen dürften.

(Anmerkung: Die unten angebenen deutschen Verlustzahlen beziehen sich auf alle Verluste, also sowohl Abschüsse durch feindliche Flugzeuge als auch durch Beschuß vom Boden.)

In combat	With the Western Allies		On the Eastern Front	
Year	Enemy a/c shot down	German a/c shot down	Enemy a/c shot down	German a/c shot down
1939-40	1.500	800		
1941	1.500	300	5.000	600
1942	2.500	500	9.000	600
1943	3.000	2.000	9.000	800
1944	5.000	8.000	7.000	1.100
1945	+500	1.500	2.000	1.000
Total	14.000	13.000	32.000	4.000

Kommentar:

Die in den meisten Fällen zitierte Quelle ist Ernst Obermeiers Buch »Die Ritterkreuzträger der Luftwaffe, Band 1 – Jagdflieger 1939–1945«. Danach haben die deutschen Jagdflieger während des Zweiten Weltkriegs insgesamt 70 000 Abschüsse gemeldet – 25 000 im Westen und 45 000 an der Ostfront. In derselben Zeit hat die deutsche Flak den Abschuß von mehr als 20 000 Flugzeugen gemeldet.

Nach derselben Quelle gingen während der Kampfhandlungen des Zweiten Weltkriegs 16 400 deutsche Flugzeuge verloren (das sind alle Verluste, einschließlich der Flugzeuge mit Schäden von mehr als 60%). 8500 Piloten der deutschen Tagjagd sind gefallen, 2700 gelten als vermißt oder gerieten in Gefangenschaft, 9100 wurden verwundet.

Für die RAF und die USAAF werden oft sehr verschiedene Verlustzahlen genannt. Weniger bekannt sind die Verlustzahlen der sowjetischen Luftstreitkräfte. Die bisher zuverlässigsten Zahlen wurden im Buch »Red Stars« veröffentlicht, das kürzlich in Finnland erschien. Danach haben die sowjetischen Luftstreitkräfte im Zweiten Weltkrieg 46 100 Flugzeuge verloren. 18 400 sowjetische Piloten sind bei Luftkämpfen gefallen, 20 600 wurden vermißt oder gerieten in Gefangenschaft.

Vor einiger Zeit hat der deutsche Autor Heinz A. F. Schmidt in seinem Buch »Sowjetische Flugzeuge« die Zahl der von den sowjetischen Luftstreitkräften zwischen dem 22. Juni 1941 und dem Kriegsende im Mai 1945 durchgeführten individuellen Kampfeinsätze mit 3 223 000 beziffert, so daß sich daraus für den ganzen Krieg eine Verlustrate von 1,4% ergibt, wenn man diese Zahl mit den in Red Stars genannten Verlusten vergleicht. Zum Vergleich: Die totale Verlustrate des RAF Bomber Command lag zwischen Juli 1940 und Kriegsende bei 2,9%.

Die Resultate der deutschen Nachtjäger sind in der Tabelle nicht enthalten. Diese Einheiten haben 5729 Abschüsse westlicher Flugzeuge gemeldet, die tatsächliche Zahl dürfte bei etwa 5000 gelegen haben.

Dies läßt den Schluß zu, daß auf je zehn Abschußmeldungen der deutschen Tagjäger durchschnittlich acht Verluste an Flugzeugen der Westalliierten kamen, während diese Rate an der Ostfront wohl ein wenig kleiner war, weil der größte Teil der Luftkämpfe auf diesem Kriegsschauplatz über sowjetischem Territorium stattfand.

Anmerkung der Autoren:

Es hat immer wieder Diskussionen über die Abkürzungen bei den Flugzeugtypen Messerschmitt 109 und 110 gegeben. In den meisten deutschen Publikationen wird die Abkürzung »Bf 109« benutzt, während man in den amerikanischen Publikationen meistens die Abkürzung »Me 109« findet. Die Autoren haben nicht die Absicht, eine detaillierte Diskussion über dieses Thema zu führen. Aus historischen Gründen haben wir uns dazu entschieden, die Abkürzungen »Bf 109« und »Bf 110« (aber: »Me 210«, »Me 410«, »Me 163«, »Me 262«) zu benutzen, was sich auf die Bayerischen Flugzeugwerke bezieht, die später zur Messerschmitt AG umbenannt wurden.

»Die korrekte Bezeichnung, wie man sie in allen deutschen Quellen findet, lautet 'Bf 109' – von 'Bayerische Flugzeugwerke' – sogar nachdem die Firma zur 'Messerschmitt AG' geworden war« (Martin C. Windrow: »German Air Force Fighters of World War Two«; Vol. 1, Seite 5).

Quellen

Abbildungen

Bundesarchiv/Bildarchiv, Koblenz
Archiv Claes Sundin & Christer Bergström
Air Historic Research AB
Nicklas Östergren
William Berge
Peter Rodeike
Jochen Prien

Bibliographie

Aders, Gebhard & Held, Werner. *Jagdgeschwader 51 Mölders,* Motorbuch Verlag, 1993.

Barbas, Bernd. *Planes of Luftwaffe Fighter Aces,* Vol 1. Kookaburra Technical Publications Pty Ltd., 1985 Australia.

Barbas, Bernd. *Planes of Luftwaffe Fighter Aces,* Vol 2. Kookaburra Technical Publications Pty Ltd., 1985 Australia.

Beaman, John R. Jr. & Campbell, Jerry L. *Messerschmitt Bf 109 in action.* Squadron/Signal Publications, INC. USA 1980.

Beaman, John R. Jr. & Campbell, Jerry L. *Messerschmitt Bf 109 in action,* part 2. Squadron/ Signal Publications, INC. USA 1983.

Bekker, Cajus. *Angriffshöhe 400,* Gerhard Stalling Verlag, 1974.

Bergström, Christer. *Luftstrid över Kanalen,* Liber förlag, Schweden 1983.

Bergström, Christer. *Mot avgrunden,* Atlantis förlag, Schweden 1991.

Boehme, Manfred. *Jagdgeschwader 7,* Motorbuch Verlag 1983.

Boehme, Manfred. *JG 7 The World's First Jet Fighter Unit 1944/1945.* Schiffer Military History, USA 1992.

Bracke, Gerhard. *Gegen vielfache Übermacht,* Motorbuch Verlag, 1977.

Caldwell, Donald. *JG 26; Top Guns of the Luftwaffe,* Orion Books, USA 1991.

Caldwell, Donald L. *JG 26 Photographic History of the Luftwaffe's Top Guns,* Airlife Publishing Ltd. UK 1994.

Campell, Jerry L. *Focke-Wulf Fw 190 in action.* Squadron/signal Publications, Inc.

Churchill, Winston. *The Second World War,* Cassell, UK 1948.

Deere, Alan C. *Nine Lives,* Hodder & Stoughton, UK 1959.

Ethell, Jeffrey L. Komet; *The Messerschmitt 163,* Sky Books Press, USA 1978.

Ethell Jeffrey & Price, Alfred. *Target Berlin,* Jane's Publishing Company, UK 1980.

Fiest, Uwe, Harms, Norman E, & Dario, Mike. *The Fighting 109,* David & Charles Ltd. UK 1978.

Feist, Uwe & McGuirl, Thomas. *Luftwaffe Diary,* Feist Publications, USA 1994.

von Forell, Fritz. *Mölders und seine Männer,* Steirische Verlagsanstalt, 1941.

Forrester, Larry. *Fly for Your Life; the Thrilling Story of Wartime Air Ace R Stanford Tuck,* Mayflower Granada Publishing, UK 1979.

Frankland. Noble: *Bomber Offensive,* UK 1970.

Freeman, Roger A. *The Mighty Eighth,* Macdonald, UK 1970.

Freeman, Roger A. *The U.S. Strategic Bomber,* Macdonald and Jane's Publishing Company, UK 1975.

Freeman, Roger A. *The Mighty Eighth War Diary,* Jane's Publishing Company, UK 1981.

Galland, Adolf. *Die Ersten und die Letzten,* Schneekluth Verlag, 1953.

Galland, A & Ries, K & Ahnert, R. *The Luftwaffe at War 1939–45,* Ian Allan, UK 1973.

Geust, Carl-Fredrik & Keskinen, Kalevi & Stenman, Kari. *Red Stars; Soviet Air Force in World War Two,* Neuvostoliiton Ilmavoimat 1939–1945, Ar-Kustannus oy, Finland 1993.

Girbig, Werner. *Start im Morgengrauen,* Motorbuch Verlag, 1973.

Girbig, Werner. *Jagdgeschwader 5 Eismeerjäger,* Motorbuch Verlag, 1975.

Girbig, Werner. *Im Anflug auf die Reichshauptstadt,* Motorbuch Verlag, 1977.

Girbig, Werner. *... mit Kurs auf Leuna,* Motorbuch Verlag, 1980.

Green, William. *Warplanes of the Third Reich,* Macdonald, UK 1970.

Grinsell, Robert & Watanabe, Rikyu. *Focke-Wulf Fw 190.* Jane's Publishing Company, Ltd. UK 1980.

Grinsell, Robert & Watanabe, Rikyu. *Messerschmitt Bf 109.* Jane's Publishing Company, Ltd. UK 1980.

Gundelach, Karl. *Kampfgeschwader 4 General Wever,* Motorbuch Verlag, 1978.

Held, Werner. *Fighter!, Luftwaffe Fighter Planes and Pilots.* Arms and Armour Press, UK 1979.

Held, Werner, Trautloft, Hannes & Bob, Ekkehard. *Die Grünherzjäger.* Podzun-Pallas-Verlag, 1985.

Held, Werner. Adolf Galland: *A Pilot's Life.* Champling Fighter Museum Press. USA 1986.

Hildebrandt, Carl. *Broken Eagles 1, Fw 190 D.* Fighter Pictorials. USA 1987.

Hildebrandt, Carl. *Broken Eagles 2, Bf 109 G/K.* Fighter Pictorials. USA 1988.

Hildebrandt, Carl. *Broken Eagles 2, Bf 109 G/K,* part II. Fighter Pictorials. USA 1989.

Hildebrandt, Carl. *Broken Eagles 4, Me 262 A.* Fighter Pictorials. USA 1993.

Hitchcock, Thomas H. *Monogram Close-Up 6, Bf 109 G,* Part 1, Monogram Aviation Publications. USA 1976.

Hitchcock, Thomas H. *Monogram Close-Up 7, Bf 109 G,* Part 2, Monogram Aviation Publications. USA 1977.

Hitchcock, Thomas H. *Monogram Close-Up 16, Bf 109 K,* Monogram Aviation Publications. USA 1979.

Hitchcock, Thomas H. *Monogram Close-Up 9, Bf 109 F,* Monogram Aviation Publications. USA 1990.

Hitchcock, Thomas H. & Merrik, Kenneth A. *The official Monogram painting guide to German Aircraft 1935–1945,* Monogram Aviation Publications. USA 1980.

Holl, Hans. *Hans-Joachim Marseille,* Erich Pabel Verlag, 1976.

von Ishoven, Armand. *Messerschmitt Bf 109 at war.* Ian Allen, UK 1977.

Jansen, AA. *Wespennest Leeuwarden,* Hollandia BV Baarn, Holland, 1980.

Jochim, Berthold K. *200 Luftsiege in 13 Monaten; Oberst Hermann Graf,* Erich Pabel Verlag, 1970.

Johnson, James E. *Wing Leader,* Chatto & Windus, UK 1956.

Johnson, James E. *Full Circle,* Chatto & Windus, UK 1964.

Klee, Ernst & Dressen, Willi & Riess, Volker. *Those were the Days; The Holocaust through the Eyes of the Perpetrators and Bystanders,* Hamish Hamilton, UK 1991.

Knoke, Heinz. *Die große Jagd,* Verlag Bösendahl, 1967.
Kriegstagebuch des Oberkommandos der Wehrmacht (Edited by Percy E Schramm), Bernard & Graefe Verlag, 1982.
Kurowski, Franz. *Der Luftkrieg über Deutschland,* Econ Verlag, 1977.
Lipfert, Helmut. *The War Diary of Hauptmann Helmut Lipfert,* Schiffer Publishing, USA 1993.
Lorents, Yngve & Zeeh, Erik. *Andra världskriget,* (Parts 1–6) Natur och Kultur, Schweden, 1940–1946.
Manvell, Roger & Fraenkel, Heinrich. *Hermann Göring,* Heinemann, UK 1962.
Mason, Francis K. *Battle over Britain,* Mc Whriter Twins, UK 1969.
Nohara, Shigeru. *Messerschmitt Me 262,* Model Art Co.Ltd. Japan 1991.
Nohara, Shigeru. *Messerschmitt Bf 109 F,* Model Art Co.Ltd. Japan 1993.
Nohara, Shigeru, Shiwaku, Masatsugu & Nozaki, Toru. Aero Detail 2, *Focke-Wulf Fw 190 D,* Dai Nippon Kaiga Co.Ltd. Japan 1990.
Nohara, Shigeru & Shiwaku, Masatsugu. Aero Detail 5, *Messerschmitt Bf 109 G,* Dai Nippon Kaiga Co.Ltd. Japan 1992.
Nohara, Shigeru & Shiwaku, Masatsugu. Aero Detail 6, *Focke-Wulf Fw 190 A/F,* Dai Nippon Kaiga Co.Ltd. Japan 1993.
Nohara, Shigeru & Shiwaku, Masatsugu. Aero Detail 10, Messerschmitt Me 163 & Heinkel He 162, Dai Nippon Kaiga Co.Ltd. Japan 1994.
Nowarra, Heinz J. *Der »Haudegen« des Luftkrieges,* Erich Pabel Verlag, 1973.
Nowarra, Heinz J. *Zwischen Italien und Afrika; der Luftwaffeneinsatz im Mittelmeerraum,* Erich Pabel Verlag, 1976.
Nowotny, Rudolf, *Walter Nowotny,* Druffel Verlag, 1957.
Obermaier, Ernst. *Die Ritterkreuzträger der Luftwaffe; Band 1 – Jagdflieger 1939–1945,* Verlag Dieter Hoffmann, 1966.
Obermaier, Ernst. *Die Ritterkreuzträger der Luftwaffe; Band 2 – Stuka- und Schlachtflieger 1939–1945,* Verlag Dieter Hoffmann, 1976.
Obermaier, Ernst & Reis, Karl. *Luftwaffe Rudder Markings 1936–1945,* Verlag Dieter Hoffmann, 1970.
Philpott, Bryan. *RAF Fighter Units Europe 1942–45,* Osprey Publishing 1978.
Plocher, Hermann. *The German Air Force Versus Russia (Parts 1–3),* USAF Historical Division, USA 1965.
Price, Alfred. *Battle over the Reich,* Ian Allen Ltd., UK 1973.
Price, Alfred. *Focke-Wulf 190 at War,* Ian Allen Ltd., UK 1977.
Prien, Jochen. *Geschichtes des Jagdgeschwaders 53* (Teil 2, 3).
Prien, Jochen. *Geschichtes des Jagdgeschwaders 77.*
Prien, Jochen & Stemmer, Gerhard. *II./Jagdgeschader 3.*
Prien, Jochen & Stemmer, Gerhard. *III./ Jagdgeschader 3.*
Prien, Jochen & Stemmer, Gerhard. *IV./ Jagdgeschader 3.*
Prien, Jochen & Rodeike, Peter. *Jagdgeschwader 1 und 11* (Teil 1–3).
Prien, Jochen & Rodeike, Peter. *Messerschmitt Bf 109 F,* G & K Series, Schiffer Military History, USA 1993.
Radinger, Willy & Schick, Walter. *Messerschmitt Me 262.* Aviatic Verlag, Oberhaching, 1992.
Priller, Josef. *Geschichte eines Jagdgeschwaders; das JG 26 Schlageter,* Kurt Vowinkel Verlag, 1961.
Relling, Armin. *Oberleutnant Anton Hafner,* Erich Pabel Verlag, 1972.
Richards, Denis & Saunders, Hilary St. George. *Royal Air Force 1939–1945,* H M Stationery Office, UK 1953–1956.
Ring, Hans & Girbig, Werner. *Jagdgeschwader 27,* Motorbuch Verlag, 1971.
Ring, Hand & Shores, Christopher. *Luftkampf zwischen Sand und Sonne,* Motorbuch Verlag, 1974.
Rusach, Karl. *Sturmjäger,* Erich Pabel Verlag, 1980.
Rust, Kenn C. *The 9th Air Force in World War II,* Aero Publishers, USA 1970.
Rust, Kenn C. *Fifteenth Air Force Story,* Historical Aviation Album, USA 1976.
Scutts, Jerry. *Bf 109 Aces of the North Africa and the Meditarranean.* Osprey Publishing, UK 1994.
Schmidt, Heinz A. F. *Sowjetische Flugzeuge,* Transpress Verlag, 1971.
von Seemen, Gerhard. *Die Ritterkreuzträger,* Podzun Verlag, 1976.
Shelfin, S. W. *Airfoil, Number 3.* Airfoil Publications, USA 1985.
Shores, Christopher. *Luftwaffe Fighter Units, Mediterranean 1941–44.* Osprey Publishing Ltd., UK 1978.
Shores, Christopher. *Luftwaffe Fighter Units, Russia 1941–44.* Osprey Publishing Ltd., UK 1978.
Shores, Christopher. *Luftwaffe Fighter Units, Europe 1942–45.* Osprey Publishing Ltd., UK 1978.
Sims, Edward H. *The Fighter Pilots,* Cassell, UK 1967.
Smith, Richard J. & Gallaspy John D. *Luftwaffe Camouflage & Markings 1935–45,* Vol 2. Kookaburra Tecnical Publications Pty Ltd., 1976 Australia.
Smith, Richard J. & Gallspy John D. *Luftwaffe Camouflage & Markings 1935–45,* Vol 3. Kookaburra Tecnical Publications Pty Ltd., 1977 Australia.
Smith, J.R., Pentland G.G. & Lutz R.P. *Luftwaffe Painting Guide.* Kookaburra Tecnical Publications Pty Ltd., 1976 Australia.
Smith, Richard J. & Creek, Eddie J. *Jet Planes of the Third Reich.* Monogram Aviation Publications. USA 1982.
Smith, Richard J. & Creek, Eddie J. Monogram Close-Up 17, *Me 262 A-1.* Monogram Aviation Publications. USA 1983.
Smith, Richard J. & Creek, Eddie J. Monogram Close-Up 11, *Volksjäger,* Monogram Aviation Publications. USA 1986.
Smith, Richard J. & Creek, Eddie J. Monogram Close-Up 10, *Fw 190 D.* Monogram Aviation Publications. USA 1986.
Spaight, J H. *Bombing Vindicated,* Bless UK 1944.
Steinhoff, Johannes. *Die Straße von Messina,* Paul List Verlag, 1969.
Steinhoff, Johannes. *In letzter Stunde; Verschwörung der Jagdflieger,* Paul List Verlag, 1977.
Thison Pihl, Gunnar. *Tyskland går sista ronden,* Bonniers förlag, Schweden 1943.
Toliver, Raymond F. & Constable, Trevor J. *Fighter Aces of the Luftwaffe.* Aero Publishers, USA 1977.
Toliver, Raymond F. & Constable, Trevor J. *The Blond Knight of Germany.* TAB/AERO Books USA 1985.

Toliver, Raymond F. & Constable, Trevor J. *Fighter General; The Life of Adolf Galland,* AmPress Publishing, USA 1990.

Weal John. *Focke Wulf Fw 190 Aces of the Russian Front.* Osprey Publishing, UK 1995.

Weal John. *Focke Wulf Fw 190 Aces of the Western Front.* Osprey Publishing, UK 1996.

Wennerström, Stig. *Röda vingar,* Allhems förlag, Schweden 1946.

Widfeldt, Bo. *The Luftwaffe in Sweden 1939–1945.* Monogram Aviation Publications, USA 1983.

Windrow, Martin C. *German Air Force Fighters,* Hylton Lacy Publishers, UK 1968.

Wykeham, Peter. *Fighter Command,* Putnam, UK 1960.

Ziegler, Mano. *Messerschmitt Me 163 Komet, Das Kraftei.* Podzun-Pallas-Verlag GmbH, 1975.

Zeitschriften

The Aeroplane 1939–1940
Der Adler 1940–1944
After the Battle
Air Combat
Air Enthusiast
Air International
Fly Past
Jäger-Blatt
Signal

Sonstige

Aircraft in Profile
Aircam/Airwar
Aircam/Aviation
Eskilstuna-Kuriren

Index

Fettgedruckte Seitenzahlen kennzeichnen die in Profilen dargestellten Flugzeuge.

A

Adolph, Walter 26
Amon, Georg **54**
Arnold, Heinz **110**
Avdeyev, Michail 68

B

Bär, Heinz 54, **78**, **110**, 128
Barkhorn, Gerhard **68**, **102**
Bartels, Heinrich **68**
Batz, Wilhelm **130**
Bauer 132
Beckh, Friedrich 28
Bernhard, Ernst-Dieter **118**
Berthel, Heinz **12**
Blumer, Laurence E. 132
Bonin, Hubertus von **54**
Boremski, Eberhard von **36**
Brandt, Walter 80
Brendel, Joachim 126
Bretschneider, Klaus **90**
Burath, Eberhard von **50**
Bürschgens, Josef **10**
Byssow, Otto 80

C

Caldwell, Clive 3, 24
Carpenter, George 30
Chirkov 40
Churchill, Winston 16
Clausen, Erwin 60
Clostermann, Pierre 66

D

Dahl, Walter 66, **92**, 94, 120
Dasso, Rudi 132
Deere, »Al« 38
Demuth, Emil **124**
Drake, Billy 14
Dundas, John »Cocky« 18
Düttmann, Peter **58**

E

Eaker, Ira 48
Eberle, Josef **16**
Ehrler, Heinrich **48**
Einsiedel, Heinrich Graf von **46**
Eisenach, Franz 130
Elstermann 132
Engau, Fritz **76**
Espenlaub, Albert **32**
Everson, Kirke B. 106
Ewald, Wolfgang **46**

F

Franzisket, Ludwig 34, **78**

G

Gabreski, Francis 24
Galland, Adolf 3, **18**, 22, 24, **28**, 32, **76**, 92, 94, 114, 120
Glunz, Adolf »Addi« **70**
Goebbels, Josef 62
Glotzsch, Kurt **38**
Gooderham, A.T. 18
Gordon 40
Göring, Hermann 3, 14, 16, 28, 56, 62
Götz, Franz **122**
Graf, Heinrich 46
Graf, Hermann 4, **22**, **62**
Grasser, Hartmann 84
Güthenke, Hans **60**
Gutzman, Erwin 114
Gzik, Eberhard **90**

H

Haas, Friedrich 114
Hackl, Anton »Toni« **74**
Hahn, Hans »Assi« **30**, **38**
Hammer, Alfred **58**
Harder, Jürgen **72**
Hartmann, Erich 24, **64**, **88**, **92**, **132**
Heimann, Viktor **98**
Hunold 132
Huppertz, Herbert 64

I

Ihlefeld, Herbert **128**

J

Jones, Cyrill 86

K

Keil, Josef »Jupp« **104**, 122
Kennel, Karl 132
Kesselring, Albert 34
Kittel, Otto 130
Knoke, Heinz **50**
Köhler, Armin 96
Komardinkin 68
Krebs, Wilhelm **72**
Krupinski, Walter **44**
Kühlein, Elias **84**
Künneke, Heinz **128**
Kuzmin 66

L

Lambert, August 68
Landt, Günther **104**
Lang, Emil »Bully« **52**
Langer, Karl-Heinz **66**
Lent, Helmut 12
Leykauf, Erwin **16**
Likholetov 40
Lipfert, Helmut **70**, 114
Lixfeldt, Paul **94**
Loos, Walter **120**, 122
Lützow, Günther **28**

M

Marseille, Hans-Joachim **34**, **42**
Mason, »Imshi« 34
Mayer, Egon 48
Mentzel **96**
Michalski, Gerhard **116**
Mietusch, Klaus 34
Mink, Wilhelm **56**
Mölders, Werner 14, **20**, 42
Moritz, Wilhelm **86**
Müller, Fritz 110
Mullins, Reese »Moon« 86
Mülstroh, Jupp **88**
Müncheberg, Joachim **20**, 34
Murphy, John 86
Mütherich, Hubert »Hubs« **24**

N

Neumann, Helmut **112**
Nitsch, Ludwig **130**
Nölter, Herbert 118
Nowotny, Walter »Nowi« 54, **66**, **94**

O

Obleser, Fritz 64
Oesau, Walter **56**
Ostermann, Max-Hellmuth **26**

P

Petzschler, Horst **80**, **126**
Pflanz, Rudi 18
Philipp, Hans »Fips« 3
Pingel, Rolf-Peter **22**
Pokryshkin, Alexander »Sasha« 68
Priebe, Ekkehard 10
Priller, Josef »Pips« **40**, **82**, **102**

Q

Quaet-Faslem, Klaus **52**

R

Radener, Waldemar **100**
Rall, Günther **42**, 44
Reschke, Willi **124**
Richthofen, Manfred von 3, 80
Romm, Oskar »Ossie« **108**
Rudel, Hans-Ulrich 132
Rudorffer, Erich **82**
Ryll, Hartmut **86**

S

Schallmoser, Eduard **120**
Schiess, Franz **44**
Schilling, David 68
Schilling, Wilhelm **74**
Schmidt, Winfried **12**
Schmitt, Rudolf **126**
Schneider, Walter 26
Schnell, Siegfried **36**, **40**
Schöpfel, Gerhard **14**
Schroer, Werner **24**
Schulz, Otto **34**
Seifert, Johannes 40
Sinner, Rudolf »Rudi« **106**
Späte, Wolfgang **80**, 116
Stamp, Gerhard 90
Stanford-Tuck, Robert 28
Steinhoff, Johannes 24, 44, 54, 76, 102
Sternberg, Horst **30**
Strebel **108**
Surau, Alfred **60**

T

Tank, Kurt 122
Tonne, Wolfgang **46**
Trautloft, Hannes **10**, 24, **32**, 54

W

Watson, Harold E. 114
Weiss, Otto 126
Weiss, Robert »Bazi« **100**
Weissenberger, Theodor 48, **112**
Wenger, Leopold 114
Wessel, Horst 132
Wick, Helmut **14**, **18**
Wienhusen, Franz **96**
Wurmheller, Josef »Sepp« **64**

Z

Zelenov 40
Zober, Werner 124

Die Autoren

Claes Sundin, Illustrator und Co-Autor, wurde 1957 geboren und lebt in Uppsala, Schweden. Nach einem vierjährigen Studium an der Universität von Uppsala arbeitete er als Lehrer, Fotograf, Art Director und im Marketing. Derzeit beschäftigt er sich mit Layout-Arbeiten und künstlerischen Arbeiten sowie mit der Bildbearbeitung am Computer. Seit seiner Kindheit interessiert er sich sehr für alles, was mit der Luftfahrt zu tun hat. Dieses Interesse entstand in der Zeit, als er als siebenjähriger Junge mit dem Bau und dem Sammeln von Plastik-Modellbaukästen begann. Gleichzeitig beschäftigte er sich – solange seine Erinnerung zurückreicht – als begeisterter Zeichner und machte Skizzen von Flugzeugen. Diese beiden Hobbys bilden die Grundlage für dieses Buch, aber erst seitdem er einen leistungsfähigen Macintosh-Computer besitzt, fertigt er diese hochqualitativen Farb-Profile von Flugzeugen an. Vor drei Jahren begann Claes Sundin damit, zunächst nur zum eigenen Vergnügen solche Flugzeug-Profile zu entwerfen. Nachdem er die ersten hundert fertiggestellt hatte, reifte die Idee zu diesem Buch.

Christer Bergström ist Lehrer und freiberuflicher Autor. Er wurde 1958 geboren und zeigt breitgefächerte Interessen, die aus seinen Beschreibungen zu erkennen sind. Er interessiert sich seit vielen Jahren für die Geschichte der Luftfahrt und war mit vielen Piloten aus dem Zweiten Weltkrieg befreundet, seit seinem 14. Lebensjahr vor allem mit Adolf Galland. Bergström hat bisher in Schweden zwei Bücher veröffentlicht, nämlich den Titel »Air Combat Over the Channel«, der sich mit der Luftschlacht um England beschäftigt, und »Towards the Abyss«, in dem er sich mit den Ursachen für den Ausbruch des Zweiten Weltkriegs auseinandersetzt.

Luftfahrtbücher für Kenner und Liebhaber

Helmut Erfurth
Vom Original zum Modell: Junkers Ju 88

84 Seiten, 147 Schwarzweißfotos und -skizzen, Dokumente, 10 Farbfotos. Format DIN A 4. Brosch.
ISBN 3-7637-6014-8

Wolfgang Miertsch
Vom Original zum Modell: Junkers Ju 52

– Zivilversionen –
84 Seiten, 75 Schwarzweißfotos, und -skizzen, Dokumente, Faksimilie-Drucke der Baubeschreibung, 13 Farbfotos. Format DIN A 4. Brosch.
ISBN 3-7637-6015-6

K. H. Regnat
Vom Original zum Modell: Dornier Do X

84 Seiten, 123 Schwarzweißfotos und -skizzen, 4 Farbtafeln mit Zeichnungen. Format DIN A 4. Brosch. ISBN 3-7637-6016-4

In der Reihe »Vom Original zum Modell« werden bedeutende und technisch interessante deutsche Flugzeugtypen in der gleichen Konzeption wie die Marine-Broschüre vorgestellt.

Zahlreiche Konstruktionszeichnungen und Detailskizzen, z. T. als Faksimile von Originalzeichnungen reproduziert, vermitteln ein vollständiges, aufschlußreiches Bild. Die Baugeschichte wird ebenso erfaßt, wie viele technische Einzelheiten, die als Schwarzweiß- und Farbfotos dargestellt werden. Fotos von Nachbauten im Modellmaßstab ergänzen grundsätzlich jede Ausgabe.

Günther W. Gellermann
Moskau ruft Heeresgruppe Mitte ...

Was nicht im Wehrmachtsbericht stand:
Die Einsätze des geheimen Jagdgeschwaders 200 im Zweiten Weltkrieg.
326 Seiten, 78 Fotos, 61 Dokumente. Geb.
ISBN 3-7637-5851-8

Die Geschichte des interessantesten Sonderverbandes der Luftwaffe: Durchführung luftgestützter »Kommandounternehmen«, Absetzen von Agenten und Sabotagetrupps hinter den feindlichen Linien, Einsätze von »Selbstopfermännern« und mit alliierten Beutemaschinen. Eine wissenschaftlich fundierte und zugleich spannende Darstellung.

»... sauber recherchiert und ohne luftige Spekulationen ...« *Das Historisch-Politische Buch*

Sönke Neitzel
Der Einsatz der deutschen Luftwaffe über dem Atlantik und der Nordsee 1939–1945

288 Seiten und 32 Bildtafeln, über 100 Fotos, zahlreiche Graphiken, Diagramme und Skizzen. Geb.
ISBN 3-7637-5938-7

Die Geschichte und der Einsatz der Luftstreitkräfte werden unvoreingenommen und gründlich untersucht. Ein eminent wichtiges Buch zur noch fehlenden Geschichte der deutschen Luftwaffe.

»Mit diesem Werk dürfte für den an der Marine, der Luftwaffe oder einfach nur der Geschichte des Zweiten Weltkrieges Interessierten das ›Buch des Jahres‹ geschrieben worden sein. Was nach rund 50 Jahren hier von einem jungen deutschen Historiker zusammengetragen, unvoreingenommen und gründlich untersucht und schließlich mit Akribie aufbereitet wurde, ist immens. Das Buch von Sönke Neitzel ist ein Standardwerk, was in keinem Bücherschrank fehlen sollte; man wird es nicht nur einmal lesen, sondern immer wieder als hochgeschätztes Nachschlagewerk in die Hand nehmen wollen!« *Hamburger Rundbrief*

Manfred Bornemann
Geheimprojekt Mittelbau

3. Auflage, 238 Seiten, 37 Abbildungen (Fotos, Skizzen u. Graphiken). Geb. ISBN 3-7637-5927-1

Vom zentralen Öllager des Deutschen Reiches zur größten Raketenfabrik im Zweiten Weltkrieg.

»... hat sich Manfred Bornemann an dieses Kapitel gewagt und versucht, mit seinem Buch nicht nur von technischen Problemlösungen zu sprechen, sondern beleuchtet auch gerade die Kehrseite der Medaille, das Schicksal vieler Tausender Zwangsarbeiter des Geheimprojektes Mittelbau.« *Modell*

Mike Spick
Die Jägerasse der Luftwaffe

Ihr Einsatz, ihre Taktik und Technik

220 Seiten und 24 Bildtafeln, zahlreiche Fotos, Skizzen und Graphiken. Geb.
ISBN 3-7637-5978-6

Eine Großzahl deutscher Jagdflieger erzielte in den Luftkämpfen des Zweiten Weltkrieges erstaunlich hohe Abschüsse. Die großen Erfolge beeindruckten die Alliierten. Ihr Mißtrauen legte sich erst, als sie Kenntnis erlangten von den strengen Bestätigungskriterien der Deutschen. Mike Spick analysiert die Luftkampfmethoden der erfolgreichen Jagdflieger, stellt Vergleiche mit alliierten Piloten an, geht auf den jeweiligen Kriegsschauplatz ein, charakterisiert die Flugzeuge und berücksichtigt jedes andere wesentliche Kriterium.

Das Buch enthält zahlreiche Skizzen und Graphiken, die anschaulich die Taktiken der Piloten vorstellen.

Jürgen Michels
Peenemünde und seine Erben in Ost und West

Entwicklung und Weg deutscher Geheimwaffen.

333 Seiten, über 300 Fotos und Skizzen. Geb.
ISBN 3-7637-5960-3

Frühe Raketenversuche in Kummersdorf verwandelten Peenemünde in ein Entwicklungszentrum, später unterirdische Verlegung der Großwaffenfertigung im Kohnstein bei Nordhausen.

Die Russen verschleppten das gesamte greifbare technische Personal samt Familien. Dies führte zu großen technischen Fortschritten in der SU, von denen Rußland heute noch zehrt. Operation Backfire zeigte das Interesse der Engländer, und auch das deutsche Rocket Team in den USA und Frankreich gehörten zu den Erben.

Bernard & Graefe Verlag · Heilsbachstraße 26 · D-53123 Bonn

Luftfahrtbücher für Kenner und Liebhaber

Hermann Neuber
Mayday – Mayday

SAR-Hubschrauber im Rettungseinsatz auf See.

336 Seiten und 24 Bildtafeln, 53 Fotos, 45 Skizzen, Graphiken, Seekarten und Dokumente. Geb.
ISBN 3-7637-5844-5

Die über 30jährige Geschichte des Seenot-Rettungsdienstes der Marineflieger der Bundeswehr mit authentischen Berichten über dramatische Einsätze in Nord- und Ostsee.

»Ein spannendes Buch, das eindrucksvoll Zeugnis von menschlicher Opferbereitschaft ablegt, unterstützt von moderner Technik. Der packende Text wird auch durch im Einsatz gemachte Fotos auf fesselnde Weise unterstrichen.«
Luft- und Raumfahrt

Heinz J. Nowarra
Focke-Wulf Fw 200 Condor

Die Geschichte des ersten modernen Langstreckenflugzeuges der Welt.

155 Seiten, 181 Fotos, 88 Zeichnungen und Skizzen. Geb. ISBN 3-7637-5855-9

Den ersten Direktflug Berlin–New York legte 1938 eine Fw 200 nonstop zurück. Eine neue Ära in der internationalen Luftfahrt brach an. Erstmals wird in allen Einzelheiten die Geschichte dieses faszinierenden Flugzeuges als Wegbereiter des Transatlantikfluges bis hin zu den Einsätzen im Zweiten Weltkrieg dargestellt.

Peter Meyer
Luftschiffe

Die Geschichte der deutschen Zeppeline.

2. Auflage / Sonderausgabe.
172 Seiten und 4 Farbtafeln, 175 Fotos, 5 Farbreproduktionen, 9 Karten und Skizzen. Geb.
ISBN 3-7637-5951-4

»... eine lückenlose Biographie aller Luftschiffe ... bietet einen lebendigen Rückblick auf Jahrzehnte erfolgreicher deutscher Luftschifffahrtsgeschichte.
Südwest-Presse

Rolf Besser
Technik und Geschichte der Hubschrauber

Von Leonardo da Vinci bis zur Gegenwart.

3., ergänzte Auflage / Sonderausgabe.
310 Seiten, 233 Fotos, 74 Zeichnungen und Skizzen. Geb. ISBN 3-7637-5965-4

Die spannende Geschichte der Hubschrauberentwicklung von den ersten Ideen da Vincis bis zu den modernen Entwicklungen unserer Tage.

Walter Jertz
Im Dienste des Friedens

Tornados über Bosnien.

144 Seiten und 32 Farbtafeln, 135 Abbildungen (Fotos, Skizzen und Graphiken). Geb.
ISBN 3-7637-5967-0

Fünfzig Jahre nach Ende des Zweiten Weltkrieges werden mit der Entsendung deutscher Kampfflugzeuge in das ehemalige Jugoslawien erstmals deutsche Truppen in einem bewaffneten Konflikt eingesetzt. Der Auftrag war, Flüge zum Schutz und zur Unterstützung des »Schnellen Einsatzverbandes« durchzuführen. Der Autor beschreibt die Maßnahmen der Vorbereitung, die erste Kampfbesatzung schildert ihre persönliche Erfahrung und stellt das Waffensystem Tornado ausführlich vor.

Die berühmtesten Flugzeuge der Welt

2., aktualisierte Auflage.

256 Seiten, 250 Farbfotos und 270 farbige Zeichnungen. Geb. ISBN 3-7637-5907-7

Vom roten Dreidecker des legendären Baron von Richthofen aus dem Ersten Weltkrieg, bis hin zu den europäischen Gemeinschaftsentwicklungen Airbus und Tornado, werden die berühmtesten Flugzeuge der Welt ausführlich beschrieben. Ihre Entwicklungsgeschiche vom Reißbrettentwurf, über den Erstflug des Prototypen bis hin zur Serienfertigung werden nachvollzogen, die wichtigsten Varianten vorgestellt und ihr Einsatz geschildert. Jeder Flugzeugtyp wird in einer großformatigen Dreiseitenansicht sowie in einer detaillierten Aufrißzeichnung dargestellt und erläutert. Ein unentbehrliches Nachschlagewerk für alle Flugzeugfreunde und Modellbauer.

Andrew Brookes
Katastrophen am Himmel

Aus dem Englischen übersetzt von Tim Würfel.

199 Seiten, 66 Abbildungen (Fotos, Skizzen und Graphiken). Geb. ISBN 3-7637-5930-1

In »Katastrophen am Himmel« untersucht der Autor, selbst Pilot, spektakuläre Luftfahrtunfälle der Welt. Unter den geschilderten Vorfällen befinden sich der Verlust des deutschen Luftschiffes Hindenburg und die Zerstörung der Pan Am Boing 747 bei Lockerbie durch Terroristen.

»... und es gelingt dem Autor, die enormen Fortschritte der Flugsicherheit eindrucksvoll aufzuzeigen ...«
Flug- und Modelltechnik

Werner Schwipps
Der Mensch fliegt

Lilienthals Flugversuche in historischen Aufnahmen.

238 Seiten, 244 Abbildungen (Fotos und Zeichnungen). Leinen. ISBN 3-7637-5838-0

»Außer durch den dokumentarischen Charakter bestechen diese Bilder aus der Frühzeit der Momentphotographie durch hervorragende Qualität und reportagehafte Dynamik ... in Wort und Bild liefert es so viel an Information, daß es sich hervorragend dazu eignet, Lilienthals Werk intensiv und unmittelbar anhand belegter Quellen kennenzulernen und dadurch einen fast persönlichen Gesamteindruck von diesem genialen Menschen zu gewinnen.«
Spektrum der Wissenschaft

Klassiker der Lüfte

Berühmte Oldtimer 1913–1935.

255 Seiten, 247 Farb- und 155 Schwarzweißfotos, zahlreiche Zeichnungen. Geb.
ISBN 3-7637-5902-6

Eine faszinierende Parade 30 berühmter Flugzeuge, die Luftfahrtgeschichte geschrieben haben.

Bernard & Graefe Verlag · Heilsbachstraße 26 · D-53123 Bonn